Thomas Ritter

Magisches am Himmel

„Magisches am Himmel"
Erste Auflage Februar 2019

Ancient Mail Verlag Werner Betz
Europaring 57, D-64521 Groß-Gerau
Tel.: 00 49 (0) 61 52/5 43 75, Fax: 00 49 (0) 61 52/94 91 82
www.ancientmail.de
Email: ancientmail@t-online.de

Bibliografische Information der Deutschen Nationalbibliothek:
Die Deutsche Nationalbibliothek verzeichnet diese Publikation in der Deutschen Nationalbibliografie; detaillierte bibliografische Daten sind im Internet über http://dnb.dnb.de abrufbar.

Covergrafik: https://pixabay.com/de/science-fiction-alien-futuristisch-1819026/ – Freie gewerbliche Nutzung
Umschlaggestaltung: Werner Betz

ISBN 978-3-95652-264-2

Inhalt

Auf einer unserer Reisen fragte ich meine Frau:
"Was ist wichtiger, lieben oder geliebt werden?"
Sie lächelte mich an, und sagte:
"Welchen Flügel braucht ein Vogel zum Fliegen?
Den linken oder den rechten?"
Sabine, danke, dass es Dich gibt!

Drohnen über Deutschland

UFO's – zumeist werden die „unidentifizierten Flugobjekte" für technische Konstruktionen einer – möglicherweise außerirdischen – jedenfalls aber technisch weiterentwickelten Fremdzivilisation gehalten. Meist sind es aber durchaus irdische Geräte. Seit Mitte der achtziger Jahre findet in der militärischen Luftfahrt eine atemberaubende Weiterentwicklung unbemannter Flugkörper statt, die in ihrer Tragweite sowohl von der (wie stets gut desinformierten) Öffentlichkeit als auch von den am Thema interessierten UFO-Forschern weitestgehend unbemerkt blieb. Der Luftkrieg der Zukunft ist schon lange Realität – geführt wird er nicht länger mehr von hochbezahlten Kampfpiloten, sondern von Flugrobotern, hinter deren unscheinbarem Äußeren sich millionenteure Hochtechnologie verbirgt, welche sicherstellt, dass die Maschinen ihre tödliche Aufgabe auch erfüllen.

Begonnen hat diese Entwicklung vor mehr als fünfzig Jahren, als Hitlers Ingenieure in Peenemünde – dem Gesetz des Krieges folgend, wonach man dem Gegner so viel Schaden wie möglich zufügen soll, ohne für die eigenen Truppen mehr als unbedingt nötig zu riskieren – die Vergeltungswaffe I konstruierten. V I war nicht mehr als eine Bombe mit Flügeln, angetrieben von einem simplen Staustrahltriebwerk und ausgerüstet mit einer Kreiselsteuertechnik. Von Rampen an der Küste des Ärmelkanals wurden diese frühen Flugroboter abgefeuert und nahmen Kurs auf die englische Insel.

Nach einer bestimmten, im Voraus berechneten und einprogrammierten Zeit schaltete sich das Triebwerk automatisch ab und die Flügelbombe stürzte ihrem Ziel entgegen. Infolge ihrer relativ groben Steuerung konnte V I jedoch nicht gegen militärische Punktziele eingesetzt werden – sie diente vielmehr dem Einsatz gegen Flächenziele (englische Großstädte).

In den späten siebziger Jahren dann tauchten moderne Nachfolger der V I auf – die Cruise-Missiles. Dabei handelt es sich eigentlich um miniaturisierte, unbemannte Düsenflugzeuge mit einer eingebauten Sprengladung, die von einer hochpräzisen Steuerungsautomatik gelenkt werden. Sie finden den Weg zum vorprogrammierten Ziel entweder durch elektronisches Abtasten des Flugweges, wobei ein ständiger Vergleich mit den vorher eingespeicherten Daten erfolgt, oder mit Hilfe der Satellitennavigation. Bei dieser Variante ist eine fast zentimetergenaue Steuerung möglich. Welche verheerenden Wirkungen diese modernen Flugroboter-Waffen haben, zeigte sich besonders deutlich in den beiden Golfkriegen, als die Amerikaner 1991 Cruise-Missiles erstmals in großem Umfang gegen den Irak einsetzten. Erinnert sei an die Bilder der Einschläge von solchen ferngelenkten Geschossen in die Belüftungsschächte irakischer Bunker, welche zum sofortigen Ausfall dieser Bastionen führten.

Im Unterschied zu Raketen, die mit mehrfacher Schallgeschwindigkeit hochfliegend auf ballistischen Bahnen ihr Ziel ansteuern, fliegen die hier beschriebenen Waffen aerodynamisch mit Flügeln und werden von kleinen Propeller- oder Düsentriebwerken angetrieben. Sie gleichen darin herkömmlichen Flugzeugen, unterscheiden sich von diesen jedoch durch ihre geringe Größe und vor allem dadurch, dass der Pilot durch eine ausgeklügelte Steuerungselektronik ersetzt wurde.

Diese neuartigen Flugsysteme lassen sich jedoch nicht nur als Waffenträger nutzen, sondern werden zumeist als Aufklärer in Krisen- und Kampfgebieten eingesetzt. Seit die Konfrontation der Großmächte einer Vielzahl lokaler, nichtsdestotrotz ebenso brisanter Konflikte – als Beispiele mögen die Kriege in Afghanistan und dem Irak dienen – gewichen ist, gewinnt diese Art der Verwendung von Flugrobotern zunehmend an Bedeutung.

Man bezeichnet solche Systeme in der militärischen Fachsprache als Drohnen, RPV's (Remotely Pilot Vehicles = ferngesteuerte Geräte) oder in letzter Zeit zunehmend auch als UAV's (Unmanned Aerial Vehicles = unbemannte Fluggeräte). Für Aufklärungsmissionen besteht einerseits die Möglichkeit, diese Geräte mit einer herkömmlichen Fernsehkamera auszustatten und die Filme nach der Rückkehr des Flugroboters auszuwerten. Nach diesem Prinzip arbeitet die auch seit längerer Zeit bereits von der Bundeswehr verwendete Drohne Canadair CL-289. Diese Drohne setzt die Bundeswehr seit 1990 ein. Sie wird von einem LKW aus mittels Raketentreibsatz gestartet. Während des Fluges erfolgt der Antrieb durch einen Turbo-Jet-Motor. CL-289 hat eine Reichweite von 250 km und überträgt ihre Aufnahmen direkt zur Bodenleitstation - dank der verwendeten Instrumente ist diese Drohne allwetter- und nachttauglich. Nach Abschluß der computergesteuerten Mission landet der Aufklärer im vorgesehenen Zielgebiet am Fallschirm. Zusätzlich dämpft ein Airbag den Aufprall am Boden.

Vor allem die Streitkräfte der USA verfügen zudem über größere, mit hoch entwickelten Waffensystemen bestückte Exemplare. Mit Kampfdrohnen der Typen „Predator“ und „Reaper“ können große Gebiete gefahrlos aus der Luft überwacht und Raketen abgefeuert werden. Im Irak und zunehmend in Afghanistan und Pakistan werden auf diese Weise regelmäßig Angriffe geflogen. Die Drohnen „Predator“ und „Reaper“ sind über acht Meter lang und haben eine

Flügelspannweite von rund 14 Meter. Die Reichweite beträgt weit über 700 Kilometer. Kameras und Präzisions-Objektive der Drohnen übertragen via Satellit auch kleinste Ziel-Details in die Kommandozentralen in Nevada, Arizona, North-Dakota, Texas und Kalifornien. Fast immer werden sie unter größter Geheimhaltung eingesetzt. Als Bewaffnung können die Drohnen zwei Präzisionsbomben oder auch Luft-Boden-Raketen des Typs „Hellfire" mitführen. Diese Raketen waren ursprünglich als panzerbrechende Waffen für Kampfhubschrauber entwickelt worden. Nach dem Abschussbefehl fliegt die „Hellfire" mit Überschall auf ihr Ziel zu. Sie wird mithilfe eines Laserstrahls in das vorher „angeleuchtete" Ziel gelenkt.

Der Iran, der nach eigenen Angaben ebenfalls über Drohnen aus eigener Produktion verfügt, meldete im Dezember 2011 die Kaperung einer US-Tarnkappen-Drohne des Typs RQ-170 Sentinel. Diese wurde Berichten zufolge schon beim Ausspähen des Verstecks des Terroranführers Osama Bin Laden in Pakistan eingesetzt. (Quelle: dapd)

Bei aller sicherheitstechnischen und militärischen Notwendigkeit solcher Entwicklungen sollten jedoch die durchaus bestehenden Risiken des Mißbrauchs dieser Technik nicht außer Acht gelassen werden. Die Flugroboter sind grundsätzlich nicht nur für militärische Einsätze geeignet, sondern können auch zur Überwachung der Zivilbevölkerung durchaus genutzt werden. Diese mögliche Vision ist ein Horrorszenario, das an George Orwells „1984" gemahnt - totale Kontrolle, immer und überall!

Daran arbeitet derzeit offenbar die deutsche Bundesregierung. Nach eigner Auffassung „revolutioniert" sie damit die zivile Luftfahrt: Unbemannte Flugsysteme sollen zugelassen werden. Das Reizwort „Drohnen" wird bewusst gemieden. Es gab viel zu tun für den Bundestag in der letzten Sitzungswoche vor Weihnachten 2011. Die Regierungserklärungen zum Afghanistaneinsatz und dem Weltklimagipfel wurden im Plenum debattiert, auch die Parlamentsbeteiligung bei der Euro-Rettung stand auf der Tagesordnung. Für die Beratung der anstehenden Änderung des Luftverkehrsgesetzes blieb deshalb keine Zeit mehr: Die Reden zum Thema wurden ungehalten zu Protokoll gegeben.

Dabei verdient die unscheinbare Novelle durchaus die Beachtung der Volksvertreter. Denn unter Federführung von Verkehrsminister Peter Ramsauer (CSU) plant die Bundesregierung nicht weniger als eine Revolution am Himmel über Deutschland. Das Gesetz legt den Grundstein dafür, dass künftig „bemannte und unbemannte Luftfahrtgeräte gleichberechtigt am Luftverkehr teilnehmen", wie es im Entwurf heißt. Im Klartext: Das bisher gültige Verbot für im Fachjargon „Unmanned Aerial Systems“ (UAS) soll aufgehoben werden. Das Reizwort „Drohnen“, in früheren Entwürfen noch enthalten, wird in der Endfassung sorgsam gemieden.

Begründet wird die Notwendigkeit von Drohnen über Deutschland mit „dem weitreichenden technischen Fortschritt in diesem Bereich“. Neben der bislang schon gängigen militärischen Verwendung böten sich vermehrt auch zivile Einsatzmöglichkeiten an: Verkehrs- und Umweltüberwachung, Schutz von Pipelines, Feuerbekämpfung werden als Beispiele genannt. Langfristig sei „unbemannter kommerzieller Fracht- oder sogar Personenverkehr“ möglich. Auch für die Polizei kommen Drohnen in Betracht. Bislang setzen die Ordnungshüter lediglich mit Kameras bestückte Mini-Hubschrauber ein. Schon diese aufgemotzten Modell-Drehflügler aus dem Spielzeugladen mit begrenzter Reichweite und Flugdauer, die in jüngster Vergangenheit beispielsweise im Rahmen des Castor-Transports in Niedersachsen oder der Überwachung von Fußballspielen in Sachsen Verwendung fanden, lösten bei Bürgerrechtlern Proteste aus.

Das neue Gesetz nun soll den Betrieb von bis zu 150 Kilogramm schwerem Fluggerät ermöglichen. Eine noch größere „Betriebsmasse“ kann die Bundesregierung nicht im Alleingang regeln, dafür ist die Europäische Agentur für Flugsicherheit in Köln zuständig. Aber auch die 150-Kilo-Drohnen bringen eine Vielzahl ungeklärter Sicherheits- und Rechtsfragen mit sich. Soweit die Drohnen mit Kameras bestückt würden, müsse auch der Schutz der Persönlichkeitsrechte der Bürger berücksichtigt werden. Diese offenen Fragen sollen allerdings nicht im Luftverkehrsgesetz geklärt werden, sondern in den „einschlägigen untergesetzlichen“ Rechtsvorschriften. Im Klartexte bedeutet dies – die Volksvertreter sollen den Betrieb von Drohnen grundsätzlich erlauben. Bei den brisanten Details haben die Abgeordneten dann allerdings nichts mehr zu sagen, die kann der Verkehrsminister allein regeln.

Noch kann sich die Bundesregierung aber nicht sicher sein, dass ihr „revolutionärer“ Plan so reibungslos wie bisher durchgeht. Nach der ersten, nur zu Protokoll gegebenen „Lesung“ des Gesetzes im Dezember befassen sich nun die Ausschüsse für Verkehr, Recht, Wirtschaft und Umwelt mit dem Entwurf. Bei der zweiten und dritten Lesung im Plenum dürfte die Debatte dann lebhafter ausfallen.

Schließlich hatte die Regierung dem Parlament noch 2009 noch versichert, beim Thema Drohnen gehe es „um bedeutsame Sicherheitsfragen, welche die Öffentlichkeit in großem Maße tangieren. Eine solche weitreichende Neuregelung hat eine Dimension, die nur auf Ebene des Gesetzes geregelt werden kann.“

Sollten Sie also demnächst ein fliegendes Objekt sichten, das Sie nicht identifizieren können – es muss nicht der Controllator von den Plejaden (oder aus welchem Winkel des Universums auch immer) sein – möglicherweise wohnen Sie nur der Erprobung des neuesten Flugroboters bei, also: Smile – you're on radar!

Abb. 1: Drohnen gehören inzwischen schon zum Alltag, nicht nur in Deutschland. (https://pixabay.com/de/drohne-drone-ufo-flugobjekt-3625493/ – freie kommerzielle Nutzung)

Sieht ET wie eine Qualle aus?

In Großbritannien ist eine führende Raumfahrtwissenschaftlerin der Überzeugung, dass Aliens tatsächlich existieren. Nach ihrer Auffassung ähneln diese jedoch einer übergroßen Qualle, mit herabhängenden, zwiebelähnlichen Fortsätzen. Dr. Maggie Aderin-Pocock arbeitete mit einem Künstler zusammen, um darzustellen, wie ihrer Meinung nach außerirdisches Leben aussieht. Sie glaubt, dass die beliebte These, Außerirdische seien von menschlicher oder zumindest menschenähnlicher Gestalt, falsch ist. Nach ihrer Ansicht sollte man sich Aliens eher wie riesige, schwebende Quallen vorstellen. Dr. Alderin-Pocock ist der Überzeugung, dass unsere intergalaktischen Verwandten eine metallische schimmernde Haut haben, mit der sie Licht absorbieren. Der untere Teil des Körpers hingegen leuchtet orange. Mit den zwiebelförmigen Extremitäten hingegen regeln sie ihren Auftrieb, um sich in verschiedenen Höhen aufzuhalten. Sie würden chemische Elemente aus der Atmosphäre durch eine riesige Öffnung einsaugen, die an das Maul eines Manta-Rochens erinnert. Sofern diese Aliens intelligent sind, würden sie Lichtimpulse verschiedener Frequenzen aussenden, um auf diese Weise miteinander zu kommunizieren. Dr. Aderin-Pocock ist überzeugt, dass mindestens vier intelligente Zivilisationen außerhalb der Erde in unserer Galaxis existieren. Doch aufgrund der Größe der Milchstraße hegt die Wissenschaftlerin Zweifel, ob es der Menschheit jemals möglich sein wird, einen Kontakt zu ihnen herzustellen. Dr. Aderin-Pocock, die derzeit das Aeolus-Satellitenprogramm betreut, ist eine der ersten Wissenschaftlerinnen, welche offiziell annehmen, dass außerirdisches Leben tatsächlich existiert.

Kontakt zu Aliens innerhalb der nächsten 20 Jahre?

NASA Experten sind sich sicher, innerhalb der nächsten 20 Jahre Spuren außerirdischen Lebens zu finden. Gemeinsam mit Partnerorganisationen hat die NASA ein Programm zur Suche nach außerirdischem Leben entworfen, welches die Verwendung bereits in Betrieb befindlicher wie auch noch zu bauender Weltraumteleskope einschließt.

„Stellen sie sich den Augenblick vor, wenn wir potentielle Spuren von Leben im Universum finden. Wenn eines Tages die Menschheit aufwacht, und feststellt, dass sie nicht mehr länger allein im All ist" meint Matt Mountain, Direktor des Space Telescope Science Institute in Baltimore. Moutain äußerte sich gegenüber News.com.au, dass seiner Meinung nach keine 20 Jahre mehr vergehen werden, bis wir auf intelligentes Leben im All stoßen.

Abb. 2: Friedlicher Kontakt oder außerirdische Invasion?
(https://pixabay.com/de/aliens-ufo-ausserirdische-1814757/)

„Schon in allernächster Zukunft werden die Menschen auf einen Stern zeigen, und sagen können – Dieser Stern hat einen Planeten wie unsere Erde," meint auch Sara Seager, Professorin für Planetare Wissenschaften und Physik am Massachusetts Institute of Technology. „Astronomen sind der Meinung, dass fast jeder Stern in der Milchstraße mindestens einen solchen Planeten hat," fügte Seager hinzu.

Das Programm der NASA wird mit dem Start des Transisting Exoplanet Surveyeing Satalliten 2017 und der Inbetriebnahme des James Webb Weltraumteleskopes 2018 fortgesetzt. Im nächsten Jahrzehnt sollen dann weitere Infrarot-Teleskope von großer Reichweite folgen.

Abb. 3: Klassische UFO Sichtung ... doch es muss kein außerirdisches Fluggerät sein. ([https://pixabay.com/de/ufo-wald-collage-invasion-1784349/]

Gesandte aus der Zukunft – Indizien für erfolgreiche Zeitreisen

Zeitreisen sind ein beliebtes Thema der Science Fiktion Literatur. Das bekannteste Beispiel dafür dürfte George Orwells Roman „Die Zeitmaschine“ sein, der erst kürzlich wieder erfolgreich verfilmt wurde.

Doch bereits am 26. September 1988 veröffentlichten die Astrophysiker Michael S. Morris, Kip S. Thorne und Ulvi Yurtserver vom renommierten California Institute of Technology (CALTECH) in der physikalischen Fachzeitschrift „Physical Review Letters“ eine Theorie über Zeitreisen, welche den etwas umständlichen Titel „Wormholes. Time Machines and the Weak Energy Condition“ trug.

Dieser aufsehenerregenden Publikation zufolge müsste es einer technischen Hochzivilisation möglich sein, auf künstlichem Wege sogenannte „Wurmlöcher“, also Öffnungen in unserem Universum zu erzeugen, und diese durch Stabilisieren in Zeitmaschinen umzuwandeln. Das Thema wurde in wissenschaftlichen Fachkreisen mit starkem Interesse aufgenommen, wie zahlreiche Publikationen in anderen Fachmagazinen wie „Nature“ und „New Scientist“ zeigten.

Im Ergebnis erwiesen sich die von den drei amerikanischen Wissenschaftlern vorgelegten Kalkulationen als korrekt.

Im Jahr 1996 dann eröffnete der berühmte englische Physiktheoretiker Prof. Stephen W. Hawking vom „Department of Applied Mathematics and Theoretical Physics“ in Cambridge der erstaunten Öffentlichkeit, dass Zeitreisen grundsätzlich möglich sind, und zwar ohne eine Verwicklung in sogenannte „Zeitparadoxa“, die lange als das entscheidende Hindernis für Zeitreisen galten.

Der Buchautor Ernst Meckelburg nahm sich in einigen Büchern und zahlreichen Artikeln dieser Thematik an. Dabei vertritt er die einleuchtende Theorie, dass Ufos Zeitmaschinen aus der Zukunft sind, die von unseren eventuell mutierten Nachfahren gesteuert werden. Sie projizieren sich in die Vergangenheit, um diese zu studieren, und um eventuell korrigierend einzugreifen. Mit seiner Theorie lässt sich überzeugend das außergewöhnliche Interesse begründen, welches die Fremden offenbar an der Erde und ihren Bewohnern hegen. Immerhin sind es mehrere hundert UFO Sichtungen pro Jahr, für die sich keine „natürlichen“ Ursachen finden lassen. Außerdem erklärt Meckelburgs Theorie auch die bei UFO Sichtungen immer wieder beobachteten erstaunlichen Flugmanöver der fremden Maschinen, die der klassischen Physik augenscheinlich Hohn sprechen.

Damit wären die Piloten der UFOs weniger „Außerirdische", als vielmehr „Außerzeitliche".

Es geht also nicht mehr darum, ob Zeitreisen möglich sind. Wir müssen uns nunmehr fragen, welche Indizien auf mögliche Eingriffe in unsere Geschichte durch Zeitreisende hindeuten.

Zunächst einmal dürfen wir davon ausgehen, dass es nicht nur bemannte Zeitreisen gibt, sondern das die Erkundung von Vergangenheit und Zukunft auf virtuellem Weg, also per Computer erfolgen kann. Bereits in den fünfziger Jahren des vergangenen Jahrhunderts gelang es dem Jesuitenpater Ernetti, einen sogenannten „Zeitfernseher" einen „Chronovisor" zu realisieren, wie Peter Krassa in seinem Buch „Dein Schicksal ist vorherbestimmt" anschaulich nachweisen konnte. Nach dem Tod Ernettis soll das demontierte Gerät in den vatikanischen Archiven eingelagert worden sein.

Im Jahr 1984 dann ereigneten sich im Haus des englischen Lehrers Ken Webster und dessen Lebensgefährtin Debbie Oakes merkwürdige Vorfälle. In Websters romantischen Meadow Cottage, einem auf uralten Fundamenten errichteten Haus unweit des traditionsreichen britischen Städtchens Chester kam es bereits während der Renovierungsarbeiten zu massiven Spukerscheinungen, deren Ursachen zunächst ungeklärt blieben.

Doch dann empfing Webster, ein eher rational denkender Zeitgenosse, der mehr an ökologischen Themen als am Paranormalen interessiert ist, auf einem ausgeborgten Schulcomputer Botschaften einer „Wesenheit", die offensichtlich im 16. Jahrhundert während der Herrschaft Heinrichs VIII. „im gleichen Haus" wie Webster gelebt haben will. Die in einem reinen Spätmittelenglisch verfassten Computerbotschaften nahmen an Häufigkeit zu. Daraufhin nahm Webster eher zögerlich Kontakt mit dem Unbekannten auf. Dieser meldete zunächst mit dem Pseudonym Peter Wainman und später mit dem historisch belegten Namen Thomas Harden. Es entstand eine sensationelle Zweiweg Transkommunikation über Jahrhunderte hinweg. Dieser intensive Gedankenaustausch sollte knapp zwei Jahre dauern. Er umfasste mehr als 300 Mitteilungen und ermöglichte Webster einen interessanten Einblick in die Lebenswelt des damaligen England.

Für diese Kommunikation will Thomas Harden ebenfalls einen Computer benutzt haben, der ihm von einer „Zeitexperimentalgruppe 2109" zur Verfügung gestellt wurde. Diese Experimentalgruppe griff nach mehreren Monaten in die Kommunikation zwischen Harden und Webster ein, und gab sich als Auslöser des Temporalkontaktes zu erkennen. Von den Experimentatoren aus der Zukunft erhielt Webster zahlreiche Informationen über das Zustandekommen von Zeitüberbrückungen.

Der Lehrer entschloss sich, den hier kurz dargestellten Kontakt in seinem 1993 auch in Deutsch erschienenem Buch „Die vertikale Ebene" zu beschreiben. Der Wert dieser ausführlichen Dokumentation kann nicht hoch genug eingeschätzt werden. Ein Vergleich zwischen den Darlegungen der Zeitexperimentatoren aus der Realzeit 2109 und denen namhafter Physiker unserer Zeit ergibt eine Fülle von interessanten Übereinstimmungen. Alles deutet darauf hin, dass die heute entwickelten Zeitreisetheorien und -modelle zu dem Entwicklungsstand führen, der für die Zeitmanipulatoren aus der bereits existenten Zukunft selbstverständlich ist.

Ein wenig anders sieht es aus, wenn man nach Indizien für reale, „bemannte" Expeditionen in der Zeit sucht. Allerdings sind solche Anachronismen auch schwer zu erkennen. Man muss Zeitgenosse von Dingen sein, um sie anhand ihrer Funktion und ihres Aussehens einordnen zu können, oder ein Spätgeborener, der von ihnen aus Überlieferungen weiß.

Dem Frühgeborenen werden sie allenfalls als Kuriositäten erscheinen, oder als heilige Gegenstände, ganz nach seiner Religiosität oder wissenschaftlichen Einsicht.

Es gibt seit Jahrhunderten Hinweise, dass im Mittelmeerraum irgendwann ein Ereignis stattgefunden haben muss, welches aller Wahrscheinlichkeit nach eine Zeitfraktur darstellt.

Merkwürdige Funde wurden im Küstengebiet von Südspanien und Süditalien, auf Malta, Korsika, Sardinien und den Balearen gemacht, vor allem aber in Sizilien. Diese Gegenstände werden aufgrund ihrer nahezu unzerstörbaren Beschaffenheit und ihrer Unerklärlichkeit zum Teil bis heute noch als Reliquien verehrt.

Es handelt sich dabei in der Regel um Splitter eines leichten Materials von schmutzigweißer bis gelblichbrauner Färbung, das man für sehr altes Elfenbein halten kann oder für die Überreste von Totenschädeln und Knochen, die das Meer und der Sand in Jahrhunderten glattgeschliffen und bis zur Unkenntlichkeit deformiert haben. Daher findet die Phantasie Anreiz, in diese Fragmente Gestalt, Geschichtlichkeit oder sogar Heiligkeit zu deuten und sie als wunderbarerweise gerettete Körperteile von Heiligen zu interpretieren.

So wird in San Lorenzo unweit von Reggio in Kalabrien seit mehr als 500 Jahren ein zwanzig Zentimeter langes Stück dieses Materials als Zeigefinger des Propheten Jeremias verehrt.

In Algeciras bei Gibraltar bewahrt man ein Bruchstück von nahezu quadratischer Form und etwa zwölf Zentimeter Seitenlänge als Reliquie auf, das die Schädeldecke von Johannes dem Täufer darstellen soll, dessen abgeschlagenes Haupt angeblich auf wunderbare Weise an die iberischen Gestade geschwemmt worden war.

In mindestens 37 Kirchen Siziliens ruhen vorgebliche Finger und Zehenknochen, Ober- und Unterkiefer, Rippen und Schienbeine von Propheten, Heiligen und ähnlichen verdienstvollen Männern.

Doch nicht nur im Mittelmeerraum finden sich Proben dieses merkwürdigen Materials. Auch im Kloster Sankt Marienstern bei Kamenz in Sachsen werden mehrere solcher Reliquien aufbewahrt. Die Zisterzienserinnen-Abtei St. Marienstern liegt am westlichen Rande eines alten sorbischen Siedlungsgebietes und kann heute auf eine mehr als 750 Jahre währende, ununterbrochene Klostergeschichte zurückblicken. Dies ist ein sehr seltener Fall von historischer Kontinuität.

Im Jahr 1248 gründeten einige Mitglieder der Adelsfamilie von Kamenz diesen Nonnenstift nach der Regel der Zisterzienser. Besonders verdient um die Gründung des Klosters machte sich Bernhard III. von Kamenz, der eine außergewöhnliche geistliche Karriere durchlief. Nach seinem Studium an einer italienischen Universität bekleidete er in den sechziger und siebziger Jahren des 13. Jahrhunderts Ämter im Domkapitel von Meißen. In den Jahren 1279 bis 1290 lebte Bernhard am Hofe Heinrichs IV. von Schlesien als dessen Kanzler, später stand er im politischen Dienst König Wenzels II. von Böhmen. Im Jahr 1293 wurde Bernhard zum Bischof von Meißen gewählt. Als er 1296 starb, fand der Geistliche sein Grab in dem von ihm gestifteten Kloster Marienstern.

Zu Lebzeiten hatte Bernhard III. von Kamenz für sein Kloster einen großen geistlichen Schatz an Reliquien erworben. Kostbarstes Geschenk an das Kloster war ein „Splitter vom Kreuz Christi", den Bernhard in Italien in einem im 11. Jahrhundert in Byzanz geschaffenen Klappaltar erwarb. Er gab auch sogenannte „sprechende Reliquiare" in Auftrag, die in ihren Formen die Körperteile der Reliquien abbilden, die sich in ihrem Innern befinden: Arme, Finger und Rippen.

Zu den wertvollsten Reliquien des Klosters St. Marienstern gehören die Schädelreliquien Johannes des Täufers und des hl. Jakobus. In Algeciras erwarb Bernhard III. zwei etwa daumennagelgroße Stücke vom bereits erwähnten „Schädeldach Johannes des Täufers". Aus Venedig dürften die vorgeblichen Bruchstücke vom Schädel des Hl. Jakobus stammen. In Prag wurden diese Reliquien in kostbare Gefäße aus Gold und Silber eingefügt, wobei Öffnungen die Reliquien sicht- und berührbar ließen. Die Johannesbüste und das Jakobushaupt sind Meisterwerke der gotischen Plastik. Im Gegensatz zu den meisten Reliquien aus dem merkwürdigen Material können die Reliquien von Johannes dem Täufer und dem hl. Jakobus noch heute in der Schatzkammer des Klosters St. Marienstern öffentlich besichtigt werden.

Nun könnten diese Bruchstücke aus einem weißlichen Material eigentlich nur Kuriositäten eines übertriebenen mittelalterlichen Reliquienkultes sein, wenn sie nicht einige äußerst interessante Besonderheiten aufweisen würden, die jedoch erst in der zweiten Hälfte des zwanzigsten Jahrhunderts entdeckt wurden.

Von Seiten der katholischen Kirche wurde man auf das merkwürdige Material aufmerksam, als Papst Johannes XXIII. im Jahr 1961 eine vatikanische Gelehrtenkommission beauftragte, in aller Stille den Reliquiendschungel auszuforsten. Es sollten dabei all jene Fälle untersucht werden, die der Verehrung unwürdig, weil abgeschmackt, peinlich oder sogar lächerlich seien.

Im Verlauf von fünf Jahren trug die Kommission 3786 derartige Fälle zusammen. Nach Empfehlung der Gelehrten waren 1284 Reliquien tunlichst sofort dem Vergessen anheim zu geben. Bei weiteren 1544 sollte von einer Duldung der Verehrung auf längere Sicht abgeraten werden. Diese Reliquien wurden offiziell nicht mehr vom Vatikan erwähnt. Bei 958 Fällen wurde die weitere Verehrung stillschweigend geduldet, allerdings sollten diese Reliquien nur in Ausnahmefällen offizielle Erwähnung finden.

Bei diesen Nachforschungen stellte sich heraus, dass in mehr als eintausend Fällen die Reliquien aus dem oben beschriebenen Material bestanden, dass nach dem Urteil der Gelehrten „wie sehr altes, rissiges Elfenbein" aussah.

Einige Proben des Materials wurden von der Kommission an das physikalische Kabinett des Vatikan übergeben, und dort mit den zu dieser Zeit üblichen Methoden untersucht. Dabei kam auch die damals neue entwickelte Radiokarbonmethode zur Anwendung, die eine Altersbestimmung organischer Materialien erlaubt. Doch sämtliche Tests damit verliefen negativ.

Man hat es sich im Vatikan mit diesen Reliquien nicht leicht gemacht. Die Untersuchungen des geheimnisvollen Materials dauerten bis 1969. Schließlich kamen die Mitarbeiter des physikalischen Kabinetts zu dem Ergebnis, dass es sich bei dem Material nicht um ein organisches oder anorganisches, sondern um ein synthetisches handeln musste.

Ungeklärt blieb jedoch die Frage, wie viele Jahrhunderte vor der Erfindung der Kunststoffe solches Material auftauchen konnte, welches überdies bereits zum Zeitpunkt des Auffindens Spuren eines extrem hohen Alters aufwies. Die einzig denkbare Möglichkeit, wie synthetisches Material irdischer Herkunft in die Vergangenheit gelangt sein konnte, war eine Zeitmaschine.

Abb. 4: Sind UFOs Zeitmaschinen?
(https://pixabay.com/de/globus-berg-ufo-landschaft-2150324/)

Wohl als Konsequenz dieser Möglichkeit wurden auf Anweisung des damals amtierenden Papstes Paul VI. alle verfügbaren und beschaffbaren Proben dieses Materials in den vatikanischen Archiven unter Verschluss genommen. In dieser weltweit wohl größten Sammlung merkwürdiger Gerätschaften, kurioser Apparate, Handschriften und Kunstwerke dürften sie sich auch heute noch befinden.

Ein weiteres seltsames Artefakt wurde bereits 1843 bei Festungsbauarbeiten in Gibraltar entdeckt, als die Engländer ihre bereits 1704 eroberte Stellung erweiterten. Vor allem sollten dabei die Befestigungen über der Sandnehrung nordöstlich von Moorish Castle verstärkt werden. Dort stießen die Soldaten des Festungsbaumeisters Colonel Frank Gilmore, unter dessen Leitung die Arbeiten ausgeführt wurden, im Herbst 1843 bei einer Grabungstiefe von ca. 11 Fuss (entspricht etwa 3,30 m) in einer harten Tonschicht auf stark verwittertes Eisen, vermischt mit Spuren anderer Substanzen, darunter auch stumpfe Splitter eines granulierten Materials, bei dem es sich möglicherweise um Glas handelte.

Colonel Gilmore entschloss sich zu einer Ausgrabung des aufgefundenen Artefakts, die er mit maßstabgetreuen Zeichnungen dokumentierte. In jeweils 5 Zoll (etwa 15 cm) starken Schichten wurde der Ton abgegraben. Danach erfolgte wiederum eine Vermessung des Umrisses, die durch eine Skizze dokumentiert wurde, um den vollständig verwitterten Gegenstand anschließend vertikal rekonstruieren zu können.

Diese Rekonstruktion zeigte dann ein merkwürdiges Gebilde, dass Colonel Gilmore nicht einzuordnen vermochte. Er hatte geglaubt, einen phönizischen Streitwagen auszugraben. Doch stattdessen rekonstruierte er eine Art leichte und niedrige Kutsche mit vier Rädern, einer für antike Gefährte vollkommen unüblichen Konstruktion. Wohl aufgrund seiner Zweifel sah Frank Gilmore letztlich von der Publikation dieser Entdeckung ab.

Colonel Gilmore hatte ja auch etwas gefunden, dass er noch gar nicht kennen konnte. Das Automobil war zu seiner Zeit noch nicht erfunden. Denn um ein solches handelte es sich zweifelsfrei, wie der Architekt Edward George Gilmore jr., der Enkel des Festungsbaumeisters, nach Durchsicht der Unterlagen im Jahr 1898 feststellte. Doch auch er vermochte den Typ des Automobils noch nicht zu identifizieren. Dies gelang erst im Jahr 1968 dem Lehrer und Übersetzer Patrick Geston, der zwei Jahre zuvor die Enkelin des Architekten Gilmore jr. geheiratet hatte.

Im Nachlass des Großvaters seiner Frau entdeckte er mehr durch Zufall die Unterlagen der Ausgrabungen von 1843. Für ihn gab es keinen Zweifel, dass der dargestellte Wagen ein Jeep war, wie ihn das amerikanische Militär vor der Einführung des neuen Geländewagens „Hummer“ in großer Stückzahl benutzte.

Die Unterlagen der Ausgrabung von Frank Gilmore befinden sich nach wie vor im Besitz der Familie Gilmore Preston.

In diesem Fall zeigen erste Indizien, dass bestimmte militärische oder nachrichtendienstliche Einrichtungen der USA tatsächlich Experimente in der Zeit anstellen. Dazu sei auch auf das bereits an anderer Stelle ausführlich dokumentierte Philadelphia Experiment und das sogenannte Montauk Projekt verwiesen.

Selbst im Alten Testament der Bibel finden sich Hinweise, die eine solche These stützen. Insbesondere gilt das für die Beschreibung jenes Fluggerätes, das der Prophet Hesekiel [Ezechiel] als die „Erscheinung der Herrlichkeit des Herrn" bezeichnete. Als erwiesen gilt heute, dass Hesekiel im Zeitraum von 592 v. Chr. bis etwa 570 v. Chr. merkwürdige Begegnungen hatte, die er als Erscheinungen des jüdischen Gottes Jahwe deutete.

Geraume Zeit galten diese Beschreibungen Hesekiels als eines der stärksten Argumente der Verfechter der Paläo- SETI These für die Anwesenheit von Außerirdischen zu antiken Zeiten auf der Erde. Dazu trug nicht unwesentlich eine Rekonstruktion der biblischen Flugmaschine durch den NASA Ingenieur Josef Blumrich bei. Blumrich veröffentlichte die Ergebnisse seiner Untersuchungen bereits 1971.

Erst in den neunziger Jahren wurden seine Erkenntnisse einer kritischen Überprüfung durch den Schweizer Techniker Christian Forrer unterzogen. Forrer kam dabei zu dem Schluss, dass die von Blumrich rekonstruierte Version einer außerirdischen Landefähre nicht flugfähig sein kann, und außerdem viel zu kompliziert aufgebaut ist.

Hingegen passt die Beschreibung Hesekiels ganz ausgezeichnet auf einen Kampfhubschrauber des Typs Bell UH 1 D amerikanischer Herkunft, wie er seit den sechziger Jahren des 20. Jahrhunderts bei den Luftstreitkräften zahlreicher Länder im Einsatz ist. Dies hat der Autor Ilia Papa in einem umfangreich recherchierten Artikel überzeugend nachgewiesen. Für seine Auffassung spricht auch die Darstellung eines Hubschraubers der UH D Serie im Sethos Tempel von Abydos in Ägypten.

Diese „Sethos Hieroglyphe" wird von den Ägyptologen jedoch als „zufällige Ansammlung verschiedener altägyptischer Schriftzeichen" gewertet, welche „einmal aus zwei Teilen bestanden, überspachtelt und überarbeitet wurden, um einen neuen Namen eines altägyptischen Herrschers" zu repräsentieren.

Die sauber dargestellte Seitenansicht des Helikopters spricht allerdings gegen die Ansicht der Ägyptologen.

Wir können also zu Recht annehmen, dass zumindest von Seiten des amerikanischen Militärs bereits reale Zeitreisen unternommen werden.

Doch möglicherweise sind die Amerikaner nicht die einzigen, denen es gelungen ist, einen Weg durch die Zeit zu finden. Zumindest behaupten Angehörige des „Volkes von Damanhur" ebenfalls Zeitreisen durchzuführen. Damanhur liegt im italienischen Valchiusella etwa 40 Kilometer nördlich von Turin. Es ist eine der größten spirituellen Gemeinschaften in Europa, die bereits im Jahr 1975 von Oberto Airaudi gegründet wurde. Die Bewohner Damanhurs erbauten eine „Stadt im Stein", eine unterirdische Anlage von der Größe eines elfstöckigen Gebäudes, die als „Tempel des Menschen" bezeichnet wird, und das Herzstück Damanhurs darstellt. Die Gemeinschaft von Damanhur und ihr charismatischer Führer Oberto Airaudi üben eine starke Anziehungskraft auf spirituelle Sucher in ganz Europa aus.

Airaudi selbst will auch eine Zeitmaschine gebaut haben, mit der von Damanhur aus bereits mehrere erfolgreiche Reisen in die Vergangenheit realisiert worden sein sollen. Die Aussage Airaudis, dass auf solche Reisen keine technischen Gegenstände mitgenommen werden können, ja im Gegenteil die „Temponauten" nackt reisen müssten, da die Maschine nur organische Materie transportiert, ist allerdings mit Vorsicht zu genießen. Es dürfte sich eher um eine Schutzbehauptung handeln, mit der ein Missbrauch der Technologie verhindert werden soll.

Doch nicht nur die Kommune von Damanhur experimentiert in Italien mit Zeitmaschinen. Offensichtlich ist auch der Vatikan an dieser Technologie interessiert. Betrachtet man hierzu einmal die zahlreichen „Marienerscheinungen", welche im Verlauf der Jahrhunderte dokumentiert wurden, nicht aus religiösem Blickwinkel als Manifestationen des Göttlichen, sondern nach der von Dr. Johannes Fiebag eingeführten Mimikryhypothese als Projektionen einer (Fremd-)Intelligenz, dann stellt sich die Frage, ob der eingangs dieses Artikels erwähnte „Chronovisor" des Pater Ernetti inzwischen möglicherweise weiterentwickelt wurde, und vom Vatikan heute zur Durchsetzung seiner Interessen benutzt wird. Für eine solche These sprechen vor allem die sogenannten „Botschaften" der Marienerscheinungen, welche sich immer streng an den Lehrsätzen der katholischen Kirche orientieren. Von einer Marienerscheinung, die ketzerisches Gedankengut verbreitete, hat man noch nie etwas gehört.

Es lohnt sich daher, die alten Schriften, aber auch die bisherigen Forschungsergebnisse im Bereich der Grenzwissenschaften unter dem Blickwinkel erfolgreicher Zeitreisen neu zu betrachten.

Verschollen im Einsatz – das verschwundene Bataillon des 5. Norfolk Regiments

Die Mittelmächte kontrollierten seit Beginn des Ersten Weltkriegs durch ihr Bündnis mit dem Osmanischen Reich die Meerenge der Dardanellen. Sie versperrten damit der russischen Schwarzmeer-Flotte die Durchfahrt in das Mittelmeer und unterbanden alliierte Hilfstransporte für Russland. Nach der Erstarrung der Front in Nordfrankreich entschloß sich die Entente auf Anregung des britischen Kriegsministers David Lloyd George, seines Marineministers Winston Churchill und General Herbert H. Kitcheners im Frühjahr 1915 zu einem Angriff auf die Dardanellen, um die Meerenge für den Schiffsverkehr zu öffnen und Konstantinopel (heute: Istanbul) zu erobern. Zur Vorbereitung der Operation wurden in der Ägäis starke Flottenverbände konzentriert. Ein Durchbruchsversuch der alliierten Verbände am 18. März scheiterte jedoch an Minensperren und am Einsatz deutscher U-Boote. Daraufhin landeten am 25. April fünf alliierte Infanteriedivisionen mit über 75.000 Mann auf der Halbinsel Gallipoli (heute: Gelibolu), um die türkischen Batterien von Land her auszuschalten und die Kontrolle über die Meerenge zu erringen. Unter dem Schutz ihrer Schiffsartillerie gelang der Entente die Errichtung eines Brückenkopfes, der mit Einheiten aus Neuseeland und Australien auf über 200.000 Soldaten verstärkt wurde. Die Eroberung der felsigen Halbinsel scheiterte jedoch in den folgenden Monaten am erbitterten Widerstand der osmanischen Armee. Nach 9 Monaten vergeblichen Kampfes ohne nennenswerten Geländegewinn zogen sich die Briten aus den Dardanellen zurück. Die Verluste auf beiden Seiten waren enorm. Die Briten hatten 43.000 Tote zu beklagen, die Türken über 55.000. Auf beiden Seiten gab es über 250.000 Verwundete. Bei 800.000 Soldaten, die in Gallipoli zum Einsatz gekommen sind, entspricht das eine Verlustrate von etwa 43%, das heißt, fast jeder zweite Teilnehmer dieser erbitterten Schlacht war verwundet oder getötet worden. Dennoch ist der Dardanellenfeldzug heute ein fast vergessener Teil des ersten Weltkrieges. Lediglich ein Truppenteil der auf britischer Seite an den Kämpfen beteiligten Verbände erreichte einen gewissen Bekanntheitsgrad aufgrund seines geheimnisvollen Schicksals. Es handelt sich dabei um das 1. Bataillon des 5. Norfolk Regiments, welches bei den schweren Kämpfen in der Suvla Bucht unter merkwürdigen Umständen verschwand. Das 5. Norfolk Regiment gehörte damals zur 163. Brigade der 54. Division des 9. Britischen Corps.

Abb. 5: Die Bucht an der Truthahnhöhle – hier tobten 1915 besonders heftige Kämpfe. (https://pixabay.com/de/truthahn-h%C3%B6hle-von-anzac-gallipoli-578743/)

Die traurige Berühmtheit, welche das verschwundene Bataillon erlangte, resultiert aus mehreren Faktoren. Zunächst einmal stand die Einheit dem britischen Königshaus sehr nahe. Sie wurde vor allem zur Bewachung der königlichen Güter von Sandringham eingesetzt. Eine zweite merkwürdige Tatsache war, dass – zumindest nach offiziellen Angaben – die sterblichen Überreste der gefallenen niemals gefunden wurden. Nicht zuletzt aber sorgte eine seltsame Geschichte für Publizität, die erst lange Jahre nach dem Krieg in Umlauf gebracht wurde.

Das Verschwinden der Männer des 1. Bataillons wird von verschiedenen Autoren bis zum heutigen Tag mit einem göttlichen Eingreifen in das Kriegsgeschehen oder sogar mit der Entführung durch UFOs in Zusammenhang gebracht. Die Ursache für diese Legendenbildung ist ein im Jahr 1965 von einem ehemaligen Teilnehmer des Dardanellenfelzuges veröffentlichter Bericht. Der aus Neuseeland stammende ehemalige Pionier Frederick (nach anderen Quellen Francis) Reichardt behauptete darin, Zeuge des seltsamen Verschwindens der Norfolks gewesen zu sein. Drei weitere Kriegsveteranen bezeugten seine Aussagen.

Abb. 6 und 7: In einer solchen oder ähnlichen Wolke (siehe auch Foto nächste Seite) soll das 5. Norfolk Regiment verschwunden sein. (https://pixabay.com/de/wolke-raum-himmel-ufo-887465/)

[https://pixabay.com/de/ufo-sonnenuntergang-wolkenformation-585761/]

Am Nachmittag das 12. August 1915 beobachtete Reichardt mit seinen Kameraden über dem Kampfgebiet eine Anordnung von sechs bis acht brotlaibförmigen Wolken, die genau über dem Bereich schwebten, in welchem das 5. Norfolk Regiment zum Angriff angetreten war. Diese Wolken wiesen nach den Aussagen der Veteranen eine vollkommen andere Beschaffenheit auf, als gewöhnliche Wolkenformationen. Sie sollen eine feste, nahezu metallische, reflektierende Struktur besessen haben. Eine der Wolken senkte sich trotz des starken Windes soweit in ein enges Tal ab, bis sie Bodenkontakt hatte. In diese Wolke marschierte nach Reichardts Aussage das 1. Bataillon des 5. Norfolk Regiments bei seinem Vorrücken hinein. Nachdem der letzte Soldat in der grauen Nebelmasse verschwunden war, soll sich die Wolke vom Boden gelöst haben, um rasch aufzusteigen und sich mit den übrigen Wolken zu einem Verband zusammen zu schließen, der dann rasch nach Norden, gegen den Wind [!], davon segelte. Keiner der Soldaten des 1. Bataillons wurde jemals wieder gesehen. Reichart und seine Kameraden versicherten an Eides Statt die Wahrheit ihrer Aussagen. Diese merkwürdige Geschichte erschien zuerst in einer neuseeländischen Publikation mit dem Titel „Spaceview". Danach wurde sie von der bekannten UFO-Zeitschrift Flying Saucer veröffentlicht. Seitdem kursiert Reicharts Bericht in unzähligen anderen grenzwissenschaftlichen Publikationen. Trotz offenkundiger Ungereimtheiten – Reichardt zitierte das falsche Datum, das falsche Bataillon und die falsche Position – wurde die Geschichte zum festen Bestandteil der UFO-Literatur. Doch das Schicksal des 1. Bataillons der 5. Norfolk Regiments war viel grausamer als Entführung durch Außerirdische. Im Folgenden soll der Versuch unternommen werden, die damaligen Ereignisse zu rekonstruieren.

Der Angriff am 12. August begann nicht vor 16:45 Uhr. Er wurde durch schweres Geschützfeuer der britischen Schiffsartillerie vorbereitet, das 16.00 Uhr begann. Während die Regimenter der 163. Brigade vorrückten, trafen sie auf ernsten Widerstand der türkischen Verteidiger. Die Briten gerieten in schweres Maschinengewehrfeuer, das ihnen vor allem auf der linken Flanke entgegenschlug, während die weiter rechts vorgehenden Truppen mit Schrapnellgeschossen eingedeckt wurden. Das Maschinengewehrfeuer war so wirkungsvoll, dass es den Vormarsch der linken Flanke stoppte. Das 1. Bataillon des 5. Norfolk Regiments unter dem Kommando des erfahrenen Oberst Beauchamp hingegen rückte auf der rechten Flanke in dem unübersichtlichen Gelände energisch vor. Dabei schlossen sich seinem Bataillon auch Teile anderer britischer Verbände an.

Was danach mit Oberst Beauchamp und seinen Männern geschah, beschrieb Sir Ian Hamilton in seinem Brief vom 11. Dezember 1915. Er nannte das Ganze „eine sehr geheimnisvolle Sache." Das 1/5. Norfolk war auf der rechten Flanke und sah sich einem weniger starken Widerstand gegenüber als der Rest der Brigade. Gegen die schwächeren Kräfte des Feindes ließ Oberst Sir H. Beauchamp, ein tüchtiger, erfahrener Offizier, begeistert vorrücken. Ihm folgte der beste Teil des Bataillons. Das Gefecht wurde schwerer, der Boden bewaldeter und unübersichtlich. Hier wurden viele Männer verwundet oder blieben durstig und erschöpft zurück. Sie fanden zu den ursprünglichen Positionen während der Nacht zurück. Doch der Oberst, mit ihm sechzehn Offiziere und 250 Männern, rückten unbeirrt weiter vor, den Feind vor sich hertreibend. Von ihnen gab es keinerlei Nachricht oder Lebenszeichen mehr. Sie verschwanden im Wald und waren verloren. Nicht ein einziger von ihnen kam zurück".

Es dauerte noch mehrere Jahre, bis das Schicksal der Verschollenen aufgeklärt werden konnte. Am 23. September 1919 notierte der mit der Registrierung von Gräbern beauftragte britische Offizier in Gallipoli:

„Wir haben die 5. Norfolks gefunden – insgesamt 180 Mann. Davon gehörten 122 zum 5. Norfolk Regiment, einige wenige zum Hant und Suffolk Regiment und ein paar zum 2/4. Suffolk Regiment. Wir konnten nur 2 von ihnen identifizieren – die Soldaten Barnaby und Cotter."

Die Verluste des 5. Norfolk Regiments betrugen insgesamt 22 Offiziere und 350 Mann. Bei den vermissten Offizieren handelte es sich um Colonel Sir Horace Proctor Beauchamp, C. B.; Captain and Adjutant A. E. Ward; Captains E. R. Cubitt, F. R. Beck, Pattrick, Mason, A. C. Coxon, Woodwark; Lieutenants E. A. Beck, Gay, V. M. Cubitt, T. Oliphant ; 2nd Lieutenants Burroughs, Proctor, Beauchamp, Adams, Fawkes. Die englische Presse nahm sich zu jener Zeit der Geschichte an, und verbreitete die Legende, dass die britischen Soldaten im Kampf Mann gegen Mann gefallen waren, und in einem tapferen Kampf bis zum letzten Atemzug eine große Anzahl Feinde mit in den Tod genommen hätten. Der mehr als 50 Jahre lang geheim gehaltene amtliche Report hingegen war weitaus prosaischer. Die Gefallenen lagen im Bereich von ungefähr einer Quadratmeile verstreut, ca. 800 Meter hinter der türkischen Frontlinie. Die meisten Toten wurden in den Ruinen eines kleinen Bauernhofes gefunden. Dies war vermutlich auch jenes Gehöft, an dem Oberst Beauchamp zuletzt gesehen worden war.

Das Gelände war als einziges Gebiet in der Nähe Suvla bewaldet. Die Fundstelle stimmte auch mit der letzten bekannten Position des verschwundenen Bataillons überein. Die Erklärung dafür, dass es keine Überlebenden des 1. Bataillons der 5. Norfolks gab, ist einleuchtend. Die Türken machten bei dieser Schlacht keine Gefangenen. Sollten die britischen Soldaten gefangen genommen worden sein, oder sich in aussichtsloser Lage ergeben haben, so sind sie mit Sicherheit an Ort und Stelle niedergemacht wurden. Der amtliche Report über das Schicksal der 5. Norfolks E Company untermauert diese Vermutung mit einem außerordentlich bedeutsamen Detail.

Jeder der 122 aufgefundenen Toten war durch Kopfschuss hingerichtet worden. Eine Bestätigung dafür, dass die Türken routinemäßige Erschießungen durchführten, findet sich im Bericht von Arthur Webber, einem Überlebenden, der in Yarmouth Company des 5. Norfolk Regiments während der Schlacht des 12. August 1915 kämpfte. Arthur erhielt einen Schuß ins Gesicht. Als er verwundet am Boden lag, hörte er, dass die türkischen Soldaten Verwundete und Gefangene in seiner Nähe erschossen oder mit dem Bajonett erstachen. Nur die Intervention eines deutschen Offiziers rettete Arthurs Leben. Seine Kameraden wurden alle an Ort und Stelle hingerichtet. Die Wirklichkeit des Krieges ist meist grausamer als jene Legenden, die in seinem Gefolge entstehen.

Abb. 8: Der letzte Marsch – viele ANZAC Soldaten kehrten nie mehr heim. (https://pixabay.com/de/gedenkst%C3%A4tte-anzac-laufsteg-872805/)

Abb. 9: Denkmal für die Gefallenen der Schlacht um die Dardanellen.
(https://pixabay.com/de/truthahn-h%C3%B6hle-von-anzac-gallipoli-578743/)

Abb. 10: Außerirdische oder Außerzeitliche?
(https://pixabay.com/de/ufo-cover-außerirdische-unheimlich-1951536/)

Utsuro Bune – Die Schöne aus dem Meer und ihr geheimnisvolles Schiff

Einer der ersten modernen UFO Kontakte soll sich 1803 in Japan zugetragen haben. Die Geschichte berichtet von „Utsuro-Bune", einer mysteriösen Frau, die aus den Tiefen des Pazifiks in einem runden Schiff aufgetaucht sein soll. Untersuchungen der zeitgenössischen Malereien, die jenen Vorfall darstellen, zeigen ein kreisrundes Objekt, welches tatsächlich an eine „fliegende Untertasse" erinnert. Eine hellhäutige, rothaarige Frau befand sich im Innern des Schiffes. Sie trug weiche, leichte Kleidung unbekannter Herkunft und bewahrte eine geheimnisvolle, quadratische Schachtel. Ihre Sprache hatte noch niemals vorher jemand in Japan vernommen. Woher kam sie? Was war in der geheimnisvollen Schachtel? Niemand weiß es bis heute. Noch merkwürdiger ist an der Geschichte, dass die seltsame Frau und ihr Boot an den verschiedensten Orten in Japan auftauchten.

UFO Enthusiasten behaupten, die schöne Fremde sei eine Außerirdische gewesen. Sie begründen ihre Überzeugung damit, dass im Ozean südlich von Japan das sogenannte „Drachen Dreieck" (auch als Teufelssee bekannt) liegt – einer Meeresregion, die mindestens ebenso rätselhaft und gefährlich sein soll wie das Bermuda Dreieck in der Karibik. Eine große Anzahl Schiffe und mindestens 800 Menschen sind hier spurlos verschwunden. Manche glauben, dass Außerirdische auf dem Meeresgrund in beiden Regionen geheime Basen unterhalten. Utsuro Bune und ihr Schiff kämen demnach aus der Teufelssee …

Die Quelle der Geschichte ist ein Dokument aus einem japanisches Buch des 19. Jahrhunderts mit dem Titel „Geschichten von Verschollenen". Es enthält einen Bericht über ein 3 m hohes, kreisrundes Boot mit einem Durchmesser von 5 m, welches im Gebiet der heutigen Präfektur Ibaraki strandete. Das Boot war scheinbar aus Metall und hatte im oberen Drittel Fenster mit Scheiben aus Bergkristall oder Glas. Im Innern des Schiffes waren Schriftzeichen in einer den Japanern unbekannten Sprache angebracht.

Die Legende berichtet, dass am 22. Februar 1803 Fischer aus Harayadori in der Provinz Hitachi (heute Präfektur Ibaraki) ein merkwürdiges Schiff in der Dünung driften sahen. Sie schleppten ihren Fund an Land und untersuchten ihn. Das Boot hatte eine Höhe von 129.9 Inches und einen Durchmesser von 212.6 Inches. Es erinnerte die Fischer nach ihren eigenen Worten an einen Kohako – die japanische Form eines Räucherofens. Der obere Teil des Schiffes bestand aus rotem geschnitztem Rosenholz, während der Unterwasserbereich mit Bronzeplatten verkleidet war. Sie sollten wohl Schutz gegen Parasiten und auch Berührungen des Grundes in küstennahen Gewässern bieten.

Im oberen Bereich des Bootes befanden sich zahlreiche Fenster mit Scheiben aus Glas oder Bergkristall, die offenbar mit einer Art Harz eingeklebt wurden, und durch eiserne Schutzgitter gesichert waren. Diese Fenster waren komplett durchsichtig und boten den verblüfften Fischern Einblicke in das Innere des Bootes. Dessen Wände waren mit unbekannten Schriftzeichen bedeckt.

Die Fischer fanden in dem Boot zwei Bettdecken, ein Gefäß mit 3,6 Litern (anderen Quellen zufolge 36 Liter) Wasser, etwas Kuchen und mürbes Fleisch. Dann entdeckten sie eine wunderschöne Frau, deren Alter sie auf etwa 18 bis 20 Jahre schätzten. Sie war ca. 1,60 m groß, hatte rotes Haar und ebensolche Augenbrauen. Das Haar war mit künstlichen weißen Strähnen verlängert, so, wie sie noch nie jemand zuvor gesehen hatte. Ihre Haut war ausnehmend blaß mit einem fahl violetten Ton. Sie trug lange, weiche und offenbar sehr wertvolle Kleider unbekannter Herkunft. Als sie zu den Fischern sprach, verstand niemand, was sie sagte. Ihr ging es ebenso, so dass die Fischer auch nicht herausfinden konnten, woher sie kam. Obwohl die mysteriöse unbekannte freundlich und umgänglich wirkte, wurde sie jedoch abweisend, sobald jemand jener quadratischen Schachtel zu nahe kam, welche sie stets bei sich führte. Diese Schachtel war aus einem hellen Material gefertigt, und hatte eine Kantenlänge von 23.62 Inches. Die Frau erlaubte niemandem, diese Schachtel zu berühren, egal wie freundlich oder dringlich sie danach gefragt wurde.

Diese Geschichte trug sich zur Zeit des Shogunats zu (1603 – 1867), als das feudale Japan komplett isoliert vom Rest der Welt lebte, und sich bewußt insbesondere von westlichen Einflüssen abgrenzte.

Kein Wunder ist es daher, dass die Gegenwart von jemandem, der aus der Ferne kam, die Menschen dazu bewog, dieses Ergebnis in Bildern und Schriften festzuhalten.

Kasuo Tanaka, Professor an der Gifu Universität in Tokyo beschäftigt sich seit 1997 mit der Legende von Utsuro Bune. Er untersuchte speziell die Vermutung, dass es sich bei dem Vorfall um eine „Begegnung der 3. Art“, also den direkten Kontakt mit einer außerirdischen Intelligenz gehandelt haben könnte. Für Tanaka ist die Besonderheit des Vorfalls insoweit erwiesen, als er bei dem Studium aller ihm zugänglichen Quellen auf keinerlei vergleichbares stieß. Ein Schiff oder Boot herkömmlicher Bauart hätte keine solch große Aufregung verursacht.

Ein alter Mann aus einem Küstendorf berichtete demzufolge: „Diese Frau mag eine Prinzessin aus einem fernen Land gewesen sein, die zu Hause gegen ihren Willen verheiratet wurde. Als sie nach der Eheschließung eine Affäre mit einem ihrer Untergebenen begann, verursachte dies einen beträchtlichen Skandal, und ihr Liebhaber wurde hingerichtet. Dieses Schicksal war auch der untreuen Prinzessin bestimmt, doch hatte sie vielleicht so viele Sympathien auf ihrer Seite, dass sie der Todesstrafe entkam, und stattdessen in dem Boot ausgesetzt und ihrem Schicksal überlassen wurde. Wenn diese Erklärung zutrifft, dann enthielt die geheimnisvolle Schachtel vielleicht den Kopf ihres Geliebten. Dies würde auch erklären, warum sie diese Schachtel derart behütete. In der Vergangenheit wurde ein ähnliches Objekt mit einer Frau an Bord an einem Strand in der Nähe angeschwemmt. Dabei wurde ebenfalls eine Schachtel mit dem abgetrennten Haupt eines Mannes gefunden."

Offensichtlich war den Fischern damals diese Erklärung auch bekannt, denn sie taten etwas, das wir heutigen als ungeheuerlich und grausam empfinden. Sie brachten die Frau zurück an Bord ihres Schiffes, schleppten es frei, und überließen es wieder Wind und Wellen. Das war ihr Schicksal, und die Fischer respektierten es.

Am 24. März 1803 strandete an der Küste von Harato-no-hama in der Provinz Hitachi ein weiteres mysteriöses Boot. Es erinnerte die Augenzeugen von seiner Form her an einen Reiskochtopf, und war in der Mitte mit einem metallenen Ring verstärkt. Das Boot war komplett schwarz gestrichen, und der Unterwasserrumpf mit Eisenplatten verstärkt, während es im oberen Teil vier kleine Fenster oder Bullaugen hatte, deren Scheiben mit Baumharz eingeklebt und durch eiserne Gitter geschützt waren.

Das Boot hatte eine Höhe 131,1 Inches und einen Durchmesser von 212,9 Inches. Eine Frau im Alter von etwa 20 Jahren wurde in seinem Inneren gefunden. Sie war etwa 1,60 m groß und von weißer Hautfarbe. Sie wird als wunderschön beschrieben und trug ihr langes Haar zum Zopf geflochten. Ihre Bekleigung und Sprache waren den Japanern vollkommen unbekannt. Auch sie bewahrte eine Schachtel mit unbekanntem Inhalt bei sich, die niemand berühren durfte. Das Innere des Bootes war mit sehr weichen Stoffen und Teppichen ausgekleidet, die in Japan unbekannt waren. Brot, Fleisch, Wasser und weitere Vorräte befanden sich ebenso in dem Boot wie ein wunderschöner Becher mit unbekannten Ornamenten.

Es gibt Belege für weitere Sichtungen dieser unbekannten Boote in Japan. So entdeckte Professor Tanaka Hinweise auf die Orte Hirokata Zuihitsu und Oshu

Kuzakki in den Jahren 2010 und 2012 bei der Untersuchung zweier seltener Federzeichnungen, welche diese Ereignisse zum Gegenstand haben. Dort wird als Ort einer weiteren Sichtung Minato Boshu angegeben.

Die Quelle dieser Überlieferungen könnte in einer Legende über den Ursprung der Kawano Dynastie zu suchen sein. Im 7. Jahrhundert lebte ein Fischer namens Wakegoro auf der Insel Gogo. Er fand ein dreizehnjähriges Mädchen in einem Utsuro-Bune im Meer treibend. Nach ihrer Rettung erzählte ihm die Kleine, sie sei die Tochter des chinesischen Kaisers, die vor ihrer Stiefmutter über das Meer flüchten musste. Der Fischer taufte sie Wake-hime (Prinzessin Wake) und zog sie groß. Später heiratete sie einen Prinz aus der Provinz Iyo. Ihr gemeinsamer Sohn erhielt den Namen Ochimiko. Er wurde zum Begründer der Kawano Dynastie. Ein Teil dieser Geschichte berichtet auch, das Prinzessin Wake die ersten Seidenraupen von China nach Japan brachte. Sie wird noch heute in einem Shinto Schrein im Dorf Funakoshi auf der Gogo Insel verehrt.

Die ersten historischen Untersuchungen des Utsuro-Bune Vorfalls führte 1844 Kyokutei Bakin (1767–1848) durch. Er bezieht sich auf ein Buch mit dem Titel Roshia bunkenroku (Berichte über Dinge, die aus Rußland bekannt sind), welches von Kanamori Kinken verfaßt wurde. Das Buch beschreibt unter anderem traditionelle russische Bekleidungen und Haartrachten. Danach war es damals üblich, das Haar mittels Puder weiß zu färben. Ebenso werden russische Frauen als rothaarig beschrieben. Traditionelle russische Gewänder passen zu der Kleidung, welche die Unbekannte an Bord des mysteriösen Bootes trug. Kyokutei schloß daraus, dass diese Frau möglicherweise aus Rußland stammte. Nach seinen Recherchen unterschieden sich die überlieferten Berichte nur minimal. Ihn interessierte darüber hinaus besonders die Schriften an Bord des Bootes, da er überzeugt war, ähnliches auf einem britischen Walfänger gesehen zu haben, der 1824 in der Hitachi Provinz strandete. Kyokutei war überzeugt, die unbekannte Schöne müsse eine russische oder britische Prinzessin gewesen sein. In seinen Untersuchungen brachte er auch seinen Unmut über die Zeichnungen zum Ausdruck, welche das Geschehen darstellen sollten, da sie sich nicht mit den Augenzeugenberichten deckten.

In den Jahren 1925 und 1962 nahm sich der Ethnologe und Historiker Yanagida Kunio des Vorfalls an. Nach seiner Meinung waren kreisförmige Boote nichts Ungewöhnliches in Japan. Lediglich die westlich anmutenden Details aus Glas und Metall würden dem Utsuro-Bune ein exotisches Aussehen geben. Er fand ebenso heraus, dass sich die Berichte im Grunde alle glichen – jemand fand eine weiße unbekannte Schönheit in einem seltsamen Boot am Strand, und rettete sie entweder oder schickte sie aufs Meer zurück.

Dabei beschreiben die ältesten Versionen der Utsuro-bune einfache, runde und offene Boote. Yanagida mutmaßt, dass Details wie bronzene Schutzplatten oder gläserne Fenster später hinzugefügt worden sein, um die Seegängigkeit eines solchen Gefährtes plausibler erscheinen zu lassen.

Auch der bereits erwähnte Prof. Dr. Kazuo Tanaka hält die Utsuro-Bune nicht für UFOS oder fremde Schiffe, sondern für einen Mix aus Folklore und Phantasie. Nach seiner Meinung spiegeln diese Beschreibungen lediglich die Befürchtungen der damaligen Bevölkerung vor negativen ausländischen Einflüssen wider. Daher sind in den Legenden die Boote auch zumeist wieder aufs Meer zurück gesandt worden. Historische Orte seien für das Geschehen ohnehin nicht auszumachen, die genannten Dörfer lediglich eine Fiktion, da in keiner zeitgenössischen Chronik oder sonstigen offiziellen Dokumenten des Shogunats nachzuweisen.

Immerhin muss aber auch Prof. Tanaka anerkennen, dass die damaligen und heutigen Schreibweisen für Orte und Regionen sich erheblich unterscheiden. Dies hält ihn jedoch nicht davon ab, die Utsuro-Bune Vorfälle ins Reich der Fabeln zu verbannen.

Sowohl Tanaka als Yanagida sind überzeugt, dass die Menschen der Edo Epoche großes Interesse an paranormalen Ereignissen wie Poltergeistern, fliegenden Lichtern und Monstern zeigten, so dass Berichte über exotische Boote zu diesem Zeitgeist passen, wie eben Geistererscheinungen ins viktorianische England.

Der Begriff Utsuro bedeutet nach Tanaka „leer" oder „verlassen" und Bune einfach „Boot". Zusammen steht Utsuro-Bune für ein leeres oder verlassenes Schiff.

Dennoch sollte man die Utsuro-Bune Vorfälle nicht vorschnell ins Reich der Märchen und der Folklore abschreiben. Die Beschreibungen und Zeichnungen der Boote und ihrer weiblichen Insassinnen sind einerseits zu präzise, zu umfassend und zu häufig, um nur der Phantasie furchtsamer Fischer entsprungen zu sein.

Anderseits muss auch das Fehlen von offiziellen Notizen zu diesen Vorfällen nicht unbedingt dafür sprechen, dass sie sich nicht ereignet haben. Gemäß den Regularien des Shogunats waren nur Fremde der Obrigkeit anzuzeigen, die sich eigenmächtig vom Strand ins Landesinnere entfernten. Möglicherweise, um Ärger mit ihren Feudalherren zu vermeiden, schickten die Fischer die Utsuro-Bune deshalb aufs offene Meer zurück. Es dürfte daher interessant sein, unter Zuhilfenahme moderner Strömungs- und Wetterberechnungen mittels Computeranimationen die mögliche Herkunft der merkwürdigen Boote zu ermitteln.

Lange schien es, als gehörten die Utsuro-Bune der Vergangenheit an. Doch seit 2015 werden in Japan wieder unbekannte Boote treibend vor den Küsten des Inselreiches aufgefunden. Wieder sind es zahlreiche Sichtungen.

Doch diesmal handelt es sich nicht um Schiffe einer unbekannten Bauart, sondern um einfache Holzboote ohne moderne Navigationsinstrumente. Wo sie herkommen, ist unklar, doch ihre Fracht ist schrecklich. Die japanische Küstenwache fand an Bord der unbekannten Boote menschliche Leichen in unterschiedlich fortgeschrittenem Stadium der Verwesung.

Abb. 11: Utsuro-bune, Darstellung aus dem frühen 19. Jahrhundert. (https://de.wikipedia.org/wiki/Utsuro-bune#/media/File:Utsuro-Bune.jpg – public domain)

Abb. 12: Utsuro-Bune, stark abweichende Darstellung von 1825. (https://commons.wikimedia.org/wiki/File:Utsurofune.jpg – public domain)

UFOs aus der grünen Hölle

Die dünn besiedelten Salomon Inseln gehören zu den letzten „weißen Flecken“ auf der Erdkarte. Sie erfreuten sich wie der restliche Archipel Melanesiens bis vor etwa 80 Jahren eines unangefochten schlechten Rufes. Die Einheimischen galten als barbarische Kannibalen und Kopfjäger, das Klima als mörderisch. Erst sehr spät stießen europäische Forscher und Siedler hierher vor. Kein Wunder, dass die Salomonen bis heute manches Geheimnis bergen.

So entdeckte der Australier Marius Boirayon in den neunziger Jahren des letzten Jahrhunderts auf den Inseln Guadalcanal und Malaita Eingänge zu einem riesigen unterirdischen System, welches offenbar von nichtirdischen Intelligenzen geschaffen wurde, und von seinen Erbauern bis heute benutzt wird.

Auf Guadalcanal befindet sich laut Boirayon einer der Zugänge hinter einem etwa 800 m hohen Wasserfall am Ende eines 5 km langen Tales. Der Australier verbrachte hier im Jahr 1996 mehrere Monate in dem Dorf Chapuru bei Kap Esperanza. In dieser Zeit sichtete er täglich hell leuchtende Flugobjekte, welche von den Einheimischen als „Dragon Snakes", also „Drachenschlangen" bezeichnet werden. Diese fliegenden Maschinen waren vor allem in den späten Abendstunden, teilweise aber auch tagsüber unterwegs.

Von den Einheimischen erfuhr Boirayon, dass solche Sichtungen bereits seit über hundert Jahren üblich sind. „Drachenschlangen" werden von den Einwohnern der Salomonen mit tiefem Respekt betrachtet. Die Insulaner wissen, dass es besser ist, diesen unbekannten Flugobjekten nicht zu nahe zu kommen. Neugierige bezahlten ihre Kühnheit oft mit dem Leben oder wurden von den reptiloiden Besatzungen* der „Drachenschlangen" monatelang in deren unterirdischen Refugien gefangen gehalten. Boirayon berichtet von einem Fall, dessen Zeuge er selbst wurde. Ein Fischer richtete nachts den Scheinwerfer seines Bootes auf eine „Drachenschlange", die im Tiefflug seine Position passierte. Offenbar wurde der Scheinwerferstrahl als Angriff interpretiert. Das Flugobjekt änderte seinen Kurs und hielt direkt auf das Boot zu. Der Fischer bekam es nun mit der Angst zu tun, und versuchte, der „Drachenschlange" zu entkommen. Diese trieb das Boot bis zum Ufer vor sich her, und feuerte dabei mehrfach intensive Lichtsalven ab. Am Boot fanden sich später deutliche Spuren großer Hitzeeinwirkung. Auch an Land sollte der Fischer keine Ruhe finden. Das Flugobjekt verfolgte ihn weiter, als er zu Fuß in Richtung seines Dorfes flüchtete. Erst als er erschöpft auf die Knie sank und flehend seine Hände zum Himmel erhob, drehte die „Drachenschlange" ab. Boirayon erfuhr die Geschichte des Mannes, als er ihn im Krankenhaus von Honiara** besuchte, wo der Fischer wegen Verbrennungen zweiten und dritten Grades behandelt wurde, die er bei dem Vorfall an allen unbekleideten Körperteilen erlitten hatte.

Abb. 13: „Drachenschlange" an der Weathercoast von Guadalcanal. (https://pixabay.com/de/future-zukunft-science-fiction-3041021/)

Auf der Guadalcanal benachbarten Insel Malaita befinden sich ebenfalls Zugänge zu einem unterirdischen System, welches offenbar einen Großteil des Archipels umspannt. Fischer berichten von einer nahezu kreisrunden Lagune im äußersten Südosten des Eilands, aus der jede Nacht unbekannte Flugmaschinen auftauchen. Tagsüber gilt diese Lagune als ergiebiger Fangplatz. Doch die Einheimischen wissen, wie endlos tief die See an jener Stelle ist. Lotleinen von mehreren hundert Metern Länge fanden keinen Grund. Boirayon spekuliert, dass diese Lagune einst möglicherweise künstlich von außerirdischen Intelligenzen geschaffen wurde. Auf Malaita nennt man die unbekannten Flugobjekte wegen ihres strahlend hellen Leuchtens bei Nacht „Diamantschlangen". Die Insulaner fürchten sie, da immer wieder Fischer, welche ihnen zu nahe kamen, mit gezielten Licht- (= Laser-?) Strahlen ausgelöscht wurden.

Abb. 14: „Diamantschlange" – UFO über Malaita. (https://pixabay.com/de/ufo-wasser-zukunft-wellen-1999504/)

Während der Schlacht um die Salomon Inseln im zweiten Weltkrieg registrierte am Vorabend der Schlacht von Kap Esperanza (11. Oktober 1942) die bei Guadalcanal operierende amerikanische Flotte in der Nacht des 10. Oktober 1942 um 23:40 Uhr den Überflug einer Gruppe von nicht weniger als 50 hell leuchtenden Objekten aus Westen. Die unbekannten Flugmaschinen verschwanden nach Ost, in Richtung Malaita. Es ist naheliegend, dass die Amerikaner in Anbetracht der schweren Kämpfe um Guadalcanal hier eine neue japanische

Geheimwaffe vermuteten. Doch auch ihr Oberkommando vermochte dazu keine Auskunft zu geben. Die Sichtung ist bis heute ungeklärt.

Seit etwa zehn Jahren tauchen nach Aussagen der Insulaner noch andere merkwürdige Flugobjekte über den Salomonen auf. Dabei handelt es sich um rochenförmige Geräte, welche im Gegensatz zu den „Drachen-" oder „Diamantschlangen" eindeutige Motorengeräusche verursachen. Diese Flugmaschinen landen gelegentlich in der Nähe von Siedlungen. Dabei werden die Besatzungen von den Einheimischen als uniformierte Kaukasier*** und Schwarzafrikaner beschrieben. Es heißt, dass diese „UFOs" für zahlreiche Entführungen auf den Salomonen verantwortlich sind. Zumeist waren die Opfer Kleinkinder, welche nach wenigen Tagen – äußerlich unversehrt – zurückgebracht wurden. Die rochenförmigen Flugmaschinen sind offenbar irdischer Herkunft. Welche Ziele ihre Besatzungen verfolgen, ist allerdings nicht bekannt.

Nach Boirayons Auffassung bilden die Salomon Inseln zum einen das Refugium einer außerirdischen Spezies, welche der menschlichen Rasse nicht unbedingt wohlgesonnen ist. Außerdem ist der Archipel auch die Zuflucht einer selbsternannten irdischen „Elite". Diese bezeichnet Boirayon als „Schattenregierung der Illuminaten". Im Zusammenhang damit sieht er auch die Entsendung australischer Truppen auf die Salomonen im Jahr 2003 (Operation „Helpem fren") als Annektion des Archipels durch die „Illuminaten".

Boirayons Hypothesen mögen gewagt klingen. In Anbetracht der aktuellen Szenarien für die Zukunft der Menschheit dürften die Salomonen allerdings keine schlechte Wahl für die Zuflucht einer wie auch immer gearteten „Elite" sein.

Anmerkungen:

* Reptiloide – Hypothetische Spezies von vernunftbegabten Gestaltwandlern, welche in der Lage sind, sowohl menschliche als auch Schlangengestalt anzunehmen. Diese Rasse ist in Asien, besonders in Indien, bis heute bekannt, und wird teilweise kultisch verehrt. Nach hinduistischen Legenden befinden sich die Refugien der hier „Nagarajas" genannten Reptiloiden sowohl in einigen Gebieten Südindiens in den heutigen Bundesstaaten Tamil Nadu, Maharashtra und Gujarat sowie auch im Himalayagebiet. Das unterirdische Reich der Nagarajas dort wird als „Agartha" bezeichnet.

** Honiara – Hauptstadt der Salomon Inseln, gelegen auf der Insel Guadalcanal

*** Kaukasier – Angehörige der weißen Rasse

Abb. 15: „Drachenschlange" – UFO über den Salomon Inseln.
(https://pixabay.com/de/ufo-science--fiction-ausserirdische-1962807/)

USOs – Jäger aus der Tiefe

In den sechziger Jahren des 19. Jahrhunderts erschütterten merkwürdige Zeitungsmeldungen die zivilisierte Welt. Ein mysteriöses „Seeungeheuer“ griff bevorzugt Kriegsschiffe der Kolonialmächte an und beförderte sie reihenweise auf den Meeresgrund. Um dieses Ungeheuer unschädlich zu machen, wurde eine Expedition unter der Leitung des Meereskundlers Professor Aronnax entsandt …

So beginnt der Roman „20.000 Meilen unter dem Meer“, den der bekannte französische Schriftsteller Jules Verne im Jahr 1870 veröffentlichte. Das Buch gehört auch heute noch zu den am meisten gelesenen Werken der phantastischen Literatur. Jules Vernes Geschichte um den menschenscheuen Kapitän Nemo und sein geheimnisvolles U-Boot „Nautilus“ hat Generationen von Lesern begeistert.

Im August des Jahres 2000 erschütterten wiederum Zeitungsmeldungen Europa. Wieder ging es um ein U-Boot. Doch diesmal war es kein Roman, diesmal war es Wirklichkeit. Das russische Atom-U-Boot „Kursk“, eines der modernsten Schiffe der russischen Flotte, sank am 12. August 2000 nach 2 Explosionen an Bord auf den Grund der Barentssee. Alle 118 Besatzungsmitglieder fanden den Seemannstod.

Das norwegische Militär äußerte die Ansicht, die Explosion eines Torpedos oder eines anderen Waffensystems habe die „Kursk“ vermutlich zum Sinken gebracht. Ein norwegisches Boot, das das Manöver beobachtete, an dem die „Kursk“ teilnahm, habe zwei Detonationen an einer Seite des U-Boots registriert. Die erste und kleinere sei durch ein Waffensystem an Bord ausgelöst und selbst wiederum wahrscheinlich Ursache für die zweite und größere gewesen. Die Schäden im vorderen Teil der „Kursk“ ließen keinen Zweifel an einer Explosion von Waffen. Der Chefredakteur des Standardwerks „Jane's Fighting Ships“, Richard Sharpe, hält die Explosions-Theorie für „die wahrscheinlichste Erklärung“. Bei den Vorbereitungen zum Abfeuern eines Marschflugkörpers oder eines Torpedos könnte es zu einer Explosion gekommen. Die „Komsomolskaja Prawda“ brachte die Frage auf, ob nicht sogar 130 Seeleute in dem U-Boot gewesen seien. Die zusätzlichen zwölf Besatzungsmitglieder hätten ein besonderes Training mit Torpedos absolvieren sollen. Die russische Regierung dementierte das. Im Gegensatz zur Kollisionstheorie wird mit dieser Erklärung jedoch die Frage nach der Verantwortung für das Waffensystem gestellt – deswegen sei eine Explosion für Militärs und Politiker die unbequemste Erklärung.

Der Oberkommandierende der russischen Nordmeer-Flotte, Michail Mozak, sagte hingegen, die „Kursk" sei auf eine Mine aus dem Zweiten Weltkrieg gelaufen. Das norwegische Militär bezeichnete dies als möglich.

Der russische Außenminister Sergejew vertrat dagegen die These, dass die „Kursk" mit einem fremden U-Boot kollidiert sei. Er sagte, dass einen Tag nach dem Unglück eine Boje in der Nähe der „Kursk" gesehen worden sei, die nicht russischer Herkunft gewesen sei. Die Boje sei jedoch wieder verschwunden. Ein Fernsehkorrespondent beschrieb die Boje als grün und weiß. Der norwegische Konteradmiral Einar Skorgen, der die Rettungsarbeiten leitete, hält den Zusammenstoß mit einem fremden U-Boot für „wenig wahrscheinlich". Die russische Regierung beharrte auf ihrer Version, dass eine Kollision der „Kursk" mit einem fremden Schiff am 12. August 2000 die wahrscheinlichste Unglücksursache sei. Verteidigungsminister Sergejew sagte, neben dem russischen Boot sei zunächst ein ähnlich großes Objekt auf dem Meeresgrund der Barentssee geortet worden. Es sei später jedoch verschwunden. „Wir nehmen an, dass es ein schwimmendes Unterwasserobjekt mit einer Verdrängung von mindestens 8.000 Tonnen oder noch mehr war", sagte Vizeregierungschef Ilja Klebanow im russischen Fernsehen.

In der „Komsomolskaja Prawda" hieß es, die „Kursk" sei mit einem amerikanischen U-Boot zusammengestoßen. Die USA wiesen dies als falsch zurück. In einem weiteren Bericht der Zeitung hieß es, die „Kursk" könnte auch mit einem britischen U-Boot zusammengestoßen sein. Auch Großbritannien dementierte diese Meldung.

In der Tat scheinen weder britische noch amerikanische U-Boote in diesen Vorfall verwickelt zu sein, denn die schwere Beschädigung oder gar der Verlust eines Bootes hätte weder die englische noch die US-Marine auf Dauer geheim halten können.

Dennoch sollte die von russischer Seite vorgetragene Version des Zusammenstoßes mit einem anderen U-Boot als Ursache für den Untergang der „Kursk" nicht voreilig verworfen werden. Das russische U-Boot könnte tatsächlich mit einem anderen Unterwasserschiff kollidiert sein, welches nach dem Vorfall in der Lage gewesen sein muss, die Unglücksstelle aus eigener Kraft zu verlassen. Bei diesem Schiff würde es um eines der „unbekannten U-Boote" handeln, die seit Jahrzehnten immer wieder für Aufregung und zahlreiche Spekulationen sorgen.

In den siebziger und vor allem den achtziger Jahren des 20. Jahrhunderts wurden fremde U-Boote in Skandinavien derart häufig gesichtet, dass davon weltweit Kenntnis genommen werden musste.

Hubschrauber und Patrouillenboote der schwedischen Marine suchen ununterbrochen nach einem U-Boot, das vor der Hauptstadt Stockholm in die Küstengewässer eingedrungen war. (Goslarsche Zeitung, 20.9.80)

Ein U-Boot unbekannter Nationalität ist in den Territorialgewässern südöstlich von Stockholm gesichtet worden. Es war der vierte Zwischenfall in diesem Jahr. (WAZ, 6.6.81)

Um diese Eindringlinge zu stellen und zum Auftauchen zu zwingen, setzte die schwedische Marine zahlreiche U-Boot-Jäger, aber auch Flugzeuge und Hubschrauber. Doch selbst der Einsatz von Wasserbomben vermochte die fremden U-Boote nicht zu vertreiben. Sie hielten sich tagelang in den schwedischen Hoheitsgewässern auf, und verstanden es immer wieder, ihren Verfolgern unerkannt zu entwischen.

Am 28. Oktober 1981 tauchte dann ein unbekanntes U-Boot vor Südschweden auf, das nahe der Marine Basis Karlskrona auf einer Sandbank strandete. Die Identität des Eindringlings wurde nun rasch aufgeklärt. Es handelte sich um das sowjetische U-Boot 137. Waren die bisherigen Zwischenfälle mit fremden U-Booten den Medien allenfalls eine Kurzmeldung wert, so gelangte dieser Fall rasch in die Schlagzeilen. Doch nach wenigen Tagen und einigen diplomatischen Kontakten zwischen Schweden und der Sowjetunion wurde U 137 von der schwedischen Marine aus seiner misslichen Lage befreit und in internationalen Gewässern freigegeben. Nach den vorangegangenen rücksichtslosen Angriffe gegen die fremden U-Boote erschien das Verhalten der schwedischen Seite als ungewöhnlich kooperativ. So ist es nicht verwunderlich, dass recht bald kritische Journalisten und argwöhnische Forscher die Meinung äußerten, der Zwischenfall sei eine gelungene Inszenierung gewesen, um die wahre Identität der unantastbaren U-Boote zu verschleiern. Weder die Sowjetunion noch die NATO hatten in der damaligen Situation Veranlassung, derart massiv und dauerhaft die schwedischen Hoheitsgewässer zu verletzen.

Bei den Sichtungen unbekannter U-Boote handelte es sich nicht um Ausnahmefälle, sondern um fast alltägliche Erscheinungen. Trotz des diplomatischen Abkommens, das zwischen Schweden und der UdSSR nach dem Vorfall mit U 137 abgeschlossen worden war, kamen die unbekannten U-Boote mit schöner Regelmäßigkeit wieder.

„U-Boote tauchen vor den Schären“: Fast jede Woche werden die Schweden daran erinnert, dass ihr neutrales Land eines der bevorzugten Gebiete für die militärische Aufklärung durch fremde Mächte sind. Wasserbomben haben bis jetzt nicht geholfen. (Ruhrnachrichten, 9.9.82)

Im Oktober 1982 gelang es der schwedischen Marine jedoch, eines der fremden U-Boote in einer spektakulären Aktion einzukreisen.

Kaum ein Entrinnen aus dem eisernen Griff der schwedischen Marine: „Seehund“ und Fangnetze stoppen die Flucht des mysteriösen U-Bootes... Schwere U-Boot-Jagdhubschauber schweben in der weitverzweigten Schärenwelt, wo Wasser und Land pausenlos ineinander übergehen, Wasserbomben detonieren, dann werden erneut die Schleppwasserhorchgeräte hinuntergelassen – der Nervenkrieg gegen das fremde U-Boot, das in 30 Metern Tiefe verharrt, dauerte gestern schon sechs Tage. Die beiden einzigen Fluchtwege aus diesem Labyrinth sind abgesperrt, starke Drahtnetze verschließen die Ausgänge, die schwedische Marine hat ihr eigenes U-Boot „Seehund“ an den nördlichen Ausgang kommandiert, Taucher liegen auf Schlauchbooten in Bereitschaft, mit Echoloten wird der Grund der Ostsee durchkämmt (Ruhr-Nachrichten, 7. Oktober 1982).

Auch bei der Verfolgung dieses U-Bootes wurden Wasserbomben eingesetzt. Konventionelle U-Boote würden durch solche Bomben sogar auf offener See und in größerer Tiefe vernichtet oder zumindest schwer beschädigt. Doch bei den unbekannten U-Booten zeigten diese Waffen keinerlei Wirkungen.

Am 1.10. kreiste die schwedische Marine ein fremdes Geister-U-Boot ein. Dicke Stahlnetze versperren den Weg. Keine Reaktion auf Wasserbomben. (Ruhrnachrichten, 7.10.82)

Doch das fremde U-Boot hatte noch andere ungewöhnliche Eigenschaften.

Froschmänner brachten ein magnetisch haftendes Horchgerät bei dem fremden U-Boot an, welches jedoch nach dem Einschalten seines Antriebs, 20 Minuten später wieder abfiel. (Bild Zeitung, 8.10.82)

Die am Rumpf des „Geister-U-Bootes“ angebrachte magnetische Sonde fiel wieder ab, als das Boot seine Antriebssysteme in Gang setzte. Hier dürfte es sich mit hoher Wahrscheinlichkeit um einen völlig neuartigen elektromagnetischen oder antimagnetischen Antrieb handeln. Natürlich spekulierten selbsternannte „Experten“ darüber, ob wieder ein sowjetisches U-Boot in schwedische Gewässer eingedrungen sei. Dabei hatten sie doch ein Jahr zuvor Gelegenheit gehabt, sowjetische U-Boot-Technik auf der Sandbank vor Karlskrona zu studieren, auf die U 137 aufgelaufen war.

Es wurde jedoch auch der Verdacht geäußert, das es sich bei dem unbekannten Schiff um ein deutsches U-Boot handeln könne. Die Bundesmarine zeigte sich von dieser These recht betroffen. Doch bei dem unbekannten Eindringling konnte es sich allein schon deshalb nicht um ein deutsches U-Boot handeln, weil alle U-Boot Einheiten der Bundesmarine zum Schutz vor Minen aus antimagnetischem Stahl erbaut wurden. Die erwähnte Magnetsonde hätte am Rumpf eines solchen U-Bootes nie haften können.

Nach zwei Wochen wurde ersichtlich, dass der Kampf gegen das fremde Boot aussichtslos war. Nach drei Wochen dann war das unbekannte U-Boot schließlich verschwunden und am 26. Oktober wurde die Jagd auf den Eindringling offiziell beendet.

Die unbekannten U-Boote kehrten freilich mit schöner Regelmäßigkeit wieder an Schwedens Küsten zurück. Besonderes Interesse zeigten sie für die schwedische Marine Basis Karlskrona.

Auf der Jagd nach U-Booten setzt die schwedische Marine Raketen ein – Tag und Nacht nur noch auf U-Bootjagd. (FAZ, 2.5.83)

Stockholm stellt U-Boot Suche ein. Beobachter sprechen von einem unkontrollierbaren Verwirrspiel. Dem ging eine erfolglose zwölftägige Jagd voraus, ca. 400 KM nördlich von Stockholm. Nach Angaben hoher Offiziere haben die Eindringlinge, auf die ein Hagel von Wasserbomben niederging, eine völlig neue U-Boot-Technik verwandt, mit der Minen aus großer Entfernung gesprengt werden können. (Ruhrnachrichten, 11.5.83)

Mit Bomben gegen fremdes U-Boot: Die schwedische Marine hat die Jagd auf ein fremdes U-Boot, vor ihrer Basis Karlskrona, intensiviert. Der Verteidigungsstab bestätigte, dass am vergangenen Samstag Froschmänner unbekannter Nationalität, an einer Station der Küstenartillerie gesehen wurden. (Offenburger Tageblatt, 16.2.1984)

Belagerungszustand in der Karlskrona-Bucht: Nachdem dort Schiffe und Taucher seit drei Wochen ein USO jagten und auch fremde Froschmänner sichteten, hat die Marineführung die Sicherheitsmaßnahmen drastisch verschärft. (Westfälische Rundschau, 7.3.84)

Doch nicht nur vor Schweden, sondern auch in den angrenzenden Gewässern waren die unbekannten U-Boote aktiv.

Die dänische Marine hat im Iselfjord im Norden der Insel Seeland erfolglos nach einem U-Boot unbekannter Herkunft gejagt. (Westfälische Rundschau, 17.12.84)

Norweger suchen fremdes U-Boot. (Oberhessische Presse, 28.4.86)

Auch in fernen Gewässern machten die fremden Schiffe auf sich aufmerksam.

Neuseeland: Unbekanntes U-Boot gesichtet. (WAZ, 17.4.86)

Es verging kein Jahr, in dem nicht vor Skandinavien, insbesondere in schwedischen Hoheitsgewässern diese unbekannten U-Boote gesichtet wurden. Ihre Identität konnte nie festgestellt werden.

Wieder fremde U-Boote in Schweden - Russen können es nicht gewesen sein. (FAZ, 25.10.86)

Von Juli bis August 86 drangen 15 mal fremde U-Boote in Schwedens Gewässer ein. Die Nationalität konnte nie festgestellt werden. (Bild, 21.10.86)

Schweden wieder auf U-Bootjagd (Oberhessische Presse, 3.7.87)

Schwedens vergebliche Jagd nach Unterseebooten - Fotos, Geräusche und Augenzeugen / Unzufriedenheit mit Streitkräften. (FAZ, 11.8.87)

Schweden droht mit der Versenkung fremder U-Boote. (Ruhrnachrichten, 22.12.87)

Diese Zeitungsmeldungen verdeutlichen, mit welch rigoroser Härte insbesondere die schwedische Marine gegen die unbekannten Eindringlinge vorging. Sie wurden mit Wasserbomben belegt und mit Raketen beschossen. In den Schären vor der schwedischen Küste tobte ein erbitterter Krieg gegen die fremden Boote, obwohl von ihnen nie eine Aggressionshandlung ausgegangen war. Doch das Phänomen dieser unbekannten Schiffe schlug auch in politischen Kreisen hohe Wogen.

Neutralität in Gefahr: Gorbatschow besucht Schweden. „Von sowjetischer Seite, auch von Gorbatschow, hat der schwedische Staatsminister Carlsson zu hören bekommen, dass die Sowjetunion niemals ihre U-Boote in die schwedischen Schären schickt.“ (Dagbladet, 1.2.88)

Die Sowjetunion bot den Schweden sogar ihre Hilfe im Kampf gegen die unbekannten U-Boote an.

In den vergangenen Wochen wurden in den Stockholmer Schären mehr als 50 U-Boot-Granaten und Minen gegen fremde Eindringlinge zur Explosion gebracht. Russen schlagen vor, eine gemeinsame Flotteneinheit zu bilden, um die „verfluchten U-Boote aufzustöbern und zu versenken", weil sie die Beziehungen zwischen den beiden Ländern gefährden. (Die Welt, 7.6.88)

Allein der Ton diese Pressemeldung verdeutlicht, wie blank die Nerven auf beiden Seiten lagen. Dies ist kein Wunder, wenn man bedankt, dass in all den Jahren die schwedische Marine trotz des Einsatzes modernster Waffen keines der fremden Boote vernichten oder zum Aufgeben bewegen konnte. Es gelang nicht einmal, diese unbekannten U-Boote zu beschädigen. Dies lässt ahnen, dass hier eine fortgeschrittene Technologie von einer unbekannten Macht eingesetzt wird, deren Existenz bislang verschleiert wird.

Die fremden U-Boote sind real. Ihr Operationsgebiet reicht vom Pazifik bis in die Gewässer der Nord- und Ostsee. Die Identität jener Macht, welche die U-Boote lenkt, blieb bislang aber ebenso unbekannt, wie die Motive, die sie mit dem Einsatz dieser scheinbar unverwundbaren Schiffe verfolgt.

Kein Wunder, dass über die Herkunft der fremden U-Boote zahlreiche Gerüchte umlaufen. Vielleicht hilft hier die Vermutung der schwedischen Marine weiter, dass es sich bei den unbekannten Schiffen um deutsche U-Boote gehandelt haben könnte. Die Schweden müssen damit nicht Fahrzeuge der Bundesmarine gemeint haben, sondern können sich auch auf reichsdeutsche U-Boote bezogen haben, die gegen Ende des 2. Weltkrieges in einer großangelegten Absetzungsbewegung mit unbekanntem Ziel den Alliierten entkamen.

Historisch belegt ist die Flucht der beiden U-Boote U 530 und U 997 aus Kristiansund, die beide in Mar del Plata (Argentinien) im Sommer 1945 gestellt wurden – Monate nach der offiziellen Kapitulation. Nach den Aussagen von Karl Heinz Schaeffler, dem Kommandanten von U 997 handelte es sich bei der Fahrt dieser beiden U–Boote um eine ziellose Flucht, und nicht um eine geheime Aktion. Dennoch berichtete Schaeffler, dass er nach seiner Gefangennahme mehrfach intensiv nach dem Fluchtversteck Adolf Hitlers befragt worden sei. Demzufolge gingen die Alliierten noch im Sommer 1945 davon aus, dass Hitler rechtzeitig aus dem eingeschlossenen Berlin entkommen war, und sich in einem sicheren Versteck aufhielt.

Auch der französische Marinehistoriker Leonce Peillard erwähnt in seinem Buch „Geschichte des U-Boot-Krieges" ein brisantes Detail:

„Tatsächlich verließen zwischen dem 1. April und dem 6. Mai 1945 etwa 60 dieser neuen U-Boote die deutschen Häfen mit Kurs nach Norden."

Gemeint sind hierbei die U-Boote des Typs XXI, die mit den sogenannten Walter-Turbinen ausgerüstet waren, einem Antriebssystem, das mit Wasserstoff arbeitete, der auch aus Meerwasser gewonnen werden konnte. Somit konnten diese Boote nahezu unbegrenzt unter Wasser operieren.

Erwiesen ist ebenfalls, das die Wehrmacht bis zum Schluß des II. Weltkrieges um die Nordsee und um Norwegen kämpfte, vor allem, um die U-Boot Häfen zu sichern und einen Fluchtweg für die Bevölkerung der deutschen Ostgebiete offen zu halten, die vor der anrückenden Sowjetarmee fliehen mussten.

Auch die statistischen Angaben über den Einsatz der deutschen U-Boote legen die Vermutung nahe, dass eine größere Anzahl dieser Schiffe vor der Kapitulation entkommen sein könnten.

Das die Geschichte der Marine des III. Reiches heute zu den am besten dokumentiertesten Gebieten der Militärgeschichte gehört, ist das Verdienst von Karl Dönitz (1890 – 1981), dem Chef der U-Boot Flotte und seit 1943 Oberbefehlshaber der deutschen Kriegsmarine. Ergab am Ende des II. Weltkrieges den Befehl, keinerlei Kriegstagebücher, weder das der Seekriegsleitung noch das der U-Boot-Führung, zu vernichten. Dönitz war der Auffassung, die deutsche Marine habe ehrenvoll gekämpft und nichts zu verbergen. Nur diesem Befehl ist es zu verdanken, dass heute alle Tagebücher der Marine den historischen Forschungen zur Verfügung stehen.

Über die Anzahl der deutschen U-Boote am Ende des II. Weltkrieges liegen widersprechende Angaben vor. Professor Michael Salewski nennt in seinem dreibändigen Werk „Die deutsche Seekriegsleitung 1939 – 1945" eine Zahl von 551 einsatzfähigen U-Booten im Februar 1945.

Der bereits erwähnte französische Marinehistoriker Peillard kommt in seiner „Geschichte des U-Boot Krieges" auf insgesamt 404 U-Boote, die im Frühling des Jahres 1945 noch einsatzfähig waren.

Dönitz selbst nennt in seinem Buch „Zehn Jahre und zwanzig Tage" für den Zeitraum von 1943 bis 1945 eine Anzahl von 595 neu produzierten U-Booten. Nach seinen Angaben umfasste die deutsche Marine während der Zeit von 1939 bis zum 8. Mai 145 insgesamt 1.170 Boote. Davon kamen 863 zum Fronteinsatz und unternahmen eine oder mehrere Feindfahrten. Auf diesen Feindfahrten gingen 630 Boote verloren. Im Heimatgebiet beliefen sich die Verluste durch Feindeinwirkung (Bomben oder Minen) auf insgesamt 81 Boote. Weitere 42 Boote gingen durch Unfälle verloren. Bei der Räumung von Stützpunkten sowie zu Ende des Krieges wurden 251 Boote durch die eigenen Besatzungen gesprengt oder versenkt. Weitere 38 U-Boote wurden während des Krieges wegen Überalterungen oder nicht mehr reparierbarer Schäden außer Dienst gestellt. Insgesamt 11 U-Boote taten Dienst in den Streitkräften fremder Länder oder wurden in ausländischen Häfen während des Krieges interniert. Nach der Kapitulation wurden 153 Boote in britische oder andere alliierte Häfen überführt.

Diese widersprüchlichen Aussagen belegen eindeutig, dass es tatsächlich möglich gewesen ist, U-Boote mit einer geheimen Mission als verschollen, selbstversenkt oder verunfallt zu führen.

Dönitz gibt in seinen eigenen Büchern jedoch keinen einzigen Hinweis auf eine Absetzung deutscher U-Boote. Dabei ist jedoch zu beachten, dass der ehemalige Großadmiral seine Bücher nach zehnjähriger Haft unter vollkommen veränderten politischen und gesellschaftlichen Bedingen verfasste. Noch im Jahr 1944 versicherte Dönitz in einer Ansprache vor U-Boot Fahrern:

„Die deutsche U-Boot Flotte ist stolz, ein irdisches Paradies, eine uneinnehmbare Festung für den Führer erbaut zu haben, irgendwo in der Welt."

Dieses Zitat überliefert der israelische Schriftsteller und ehemalige Geheimagent Dr. Michael Bar-Zohar in seinem Buch „The Avengers". Bar-Zohar hatte sich bereits mit einer Biographie über den ersten israelischen Ministerpräsidenten David Ben Gurion einen Namen gemacht, bevor er dieses Buch verfasste. Er schreibt darin weiter:

„Im März 1945 wurde dem State Department in Washington ein ausführlicher Bericht unterbreitet, in dem es hieß: ‚Das Nazi-Regime hat genaue Pläne für die Verfolgung seiner Doktrin und der Herrschaft Nach dem Krieg. Einige dieser Pläne sind schon zur Wirkung gelangt.'"

Möglicherweise haben sich im Mai 1945 außer U 530 und U 997 noch zahlreiche weitere U-Boote aus Norwegen abgesetzt. War ihr Ziel die von Dönitz erwähnte „uneinnehmbare Festung"? Wo könnte sie sich befinden? Bei dem Versuch der Beantwortung dieser Frage gerät man rasch in ein Gewirr aus Tabus und Spekulationen. Eine beliebte Hypothese gesteht den geflohenen Repräsentanten des III. Reiches eine geheime, unterirdische Basis in der Antarktis zu.

Die Ursache dieser Spekulation ist die im Jahr 1938 mit dem Flugzeugmutterschiff „Schwabenland" durchgeführte deutsche Expedition in antarktische Gewässer, bei der zahlreiche neue geographische Erkenntnisse gewonnen worden.

Auf diese legendenumwobene Operation, die von der Deutschen Forschungsgesellschaft in Zusammenarbeit mit der Deutschen Lufthansa durchgeführt wurde, soll hier näher eingegangen werden.

In den ersten Dezennien des 20. Jahrhunderts war die Erforschung der Antarktis in vollem Gange. Bereits 1929 entdeckt die norwegische Expedition unter Kapitän Hjalmar Riiser-Larsen den antarktischen Kontinentalrand im atlantischen Sektor. Das Gebiet wurde nach der norwegischen Königin Maud (1869-1938) benannt.

Noch vor dem Ausbruch des 2. Weltkrieges richtete die Deutschen Forschungsgemeinschaft die „Deutsche Antarktische Expedition 1938/39" aus. Zum Expeditionsleiter wurde Alfred Ritscher berufen, Kapitän des Flugzeugmutterschiffes „Schwabenland" war Alfred Kottas.

Mitte November 1938, als die Vorbereitungen für eine Antarktis-Expedition in vollem Gange liefen, kam der amerikanische Antarktisforscher Richard Evelyn Byrd, auf Einladung der Deutschen Forschungsgesellschaft nach Hamburg. Dort führte er in der Urania vor 82 Personen einen Antarktisfilm vor. Ein Großteil der Anwesenden waren Mitglieder der Deutschen Expedition und nutzten die Filmvorführung als Vorbereitung auf ihren Antarktisaufenthalt.

Am 14. Januar 1939 erklärte Norwegen das Gebiet zwischen 20 Grad West und 45 Grad Ost zu seinem Hoheitsgebiet. Hintergrund dieses Anspruches waren wirtschaftliche Interessen, insbesondere im Bereich des Walfanges.

Da nun das Zielgebiet der deutschen Expedition in diesem Sektor lag, wies die deutsche Reichsregierung den norwegischen Anspruch zurück. Dies wurde auch auf eine entsprechende Anfrage hin durch das Auswärtige Amt der Bundesrepublik Deutschland bestätigt, die im Folgenden wiedergegeben wird:

„Das frühe deutsche Reich hat Gebietsansprüche in der Antarktis nicht erhoben, und zwar auch nicht in Bezug auf das von der deutschen Antarktis-Expedition 1938/39 entdeckte Gebiet Neu-Schwabenland. Einer norwegischen Erklärung vom 14. Januar mit der ein größeres Gebiet in der Antarktis unter Einbeziehung von Neuschwabenland in Anspruch genommen wurde, hat die Reichsregierung am 23. Januar 1939 widersprochen und sich „bezüglich des Gebietes die volle Handlungsfreiheit vorbehalten, die sich aus den Grundsätzen des Völkerrechts ergibt". Konkrete Ansprüche auf das fragliche Gebiet hat das Deutsche Reich allerdings weder damals noch später erhoben. Die Bundesregierung hat lediglich im Jahre 1952 das auf die Tatsache der Entdeckung gestützte Recht zur geographischen Namengebung für Neuschwabenland ausgeübt".

Im Herbst 1938 wurde das Flugzeugmutterschiff „Schwabenland“ in Hamburg für eine Expedition in die Antarktis ausgerüstet. Diese umfangreichen Vorbereitungen sollen die enorme Summe von 1 Mio. Reichsmark verschlungen haben. Die „Schwabenland“ verließ den Hafen von Hamburg am 17.12.1938 und erreichte die Antarktis am 19.01.1939 bei 4° 15‘W und 69° 10‘S.

Diese Expedition sollte durch Flugerkundung und luftphotogrammetrische Aufnahmen zur Erforschung des antarktischen Kontinentes beitragen. Zu diesem Zweck wurde das Flugzeugmutterschiff am Rande der Antarktis im südatlantischen Ozean stationiert. Mit Hilfe von Dampfkatapulten konnten Flugboote von Bord der „Schwabenland“ zu Aufklärungsflügen starten. Diese fortschrittliche Technik fand bereits seit 1934 bei der Lufthansa für den Postverkehr mit Südamerika Verwendung. Die „Schwabenland“ gehörte dem Luftfahrtunternehmen und war von der Deutschen Forschungsgesellschaft für die Antarktisexpedition gechartert worden.

Von Bord der „Schwabenland“ starteten die beiden Flugboote „Boreas“ und „Passat“ vom Typ „Dornier-Wal“ zu Bildflügen. Zwischen dem 20. Januar und 3. Februar 1939 wurde ein Teilstück der Antarktis von ca. 13 Grad West bis 22 Grad Ost beflogen. Mit mehr als 11.000 Aufnahmen gelang die fotographische Erfassung eines ca. 360.000 km² goßen Gebietes, in dem die Expeditionsteilnehmer auch ausgedehnte Gebirgsketten entdeckten.

Das gesamte Gebiet erhielt den Namen Neuschwabenland. Dies ist auch heute noch die offizielle geografische Bezeichnung der Küsten- und Gebirgsregion im engeren Sinn. Ferner wurden für die Gebirgsmassive eine Reihe von deutschen Namen vergeben: Wohlthatmassiv, Mühlig-Hofmann-Gebirge und Ritscherland. Es waren allesamt Expeditionsteilnehmer, die hier als Namensgeber Pate standen. Während eines der letzten Flüge wurde eine noch erstaunlichere Landschaft gefunden, die auf halbem Wege zwischen dem Wohltat-Massiv und den Eisklippen der Küste liegt. Ihr Entdecker war der Flugkapitän Schirmacher. Daher trägt sie noch heute den Namen „Schirmacheroase“.

Die beiden Expeditionsteilnehmer Ing. Ass. Siewert und Schiffszimmermann Wehrend sollen berichtet haben, dass sie auch noch nach der Beendigung der Expedition weiterhin auf der „Schwabenland“ Dienst taten und ihr Schiff im vierteljährlichen Rhythmus zwischen Neuschwabenland und Heimathafen pausenlos pendelte, um Ausrüstungsgegenstände und ganze Bergbaueinrichtungen in die Antarktis zu befördern. Dazu sollen Gleisanlagen und Loren, aber auch eine riesige Fräse gehört haben, mit der es möglich gewesen sei, Tunnelsysteme ins Eis zu bohren.

Diese Aussagen begründeten wohl neben dem bereits genannten Zitat von Großadmiral Dönitz die Legende einer Absetzung reichsdeutscher Streitkräfte in die Gefilde der Antarktis. Eine weitere Ursache für die Bildung einer solchen Legende war sicherlich die nach dem Ende des 2. Weltkrieges von den Amerikanern in der Antarktis mit großer Geheimhaltung und recht fragwürdigen Ergebnissen durchgeführte „Operation Highjump", die paramilitärischen Charakter trug.

Das Ziel dieser Operation war zum einen die Erprobung von militärischem Gerät und Mannschaften unter polaren Bedingungen. Damit wollte das amerikanische Oberkommando am Beginn des Kalten Krieges offenbar britische Erfahrungen aus der Schlacht um Norwegen prüfen und vervollkommnen. Von wissenschaftlicher Seite ging es um die Untersuchung der tiefgreifenden Veränderungen an der Schelfeisküste in der Bay of Whales (Ross Sea).

Die im Winter 1946/47 durchgeführte Expedition „Highjump" sah vor, dass der Expeditionskonvoi, bestehend aus zahlreichen Schiffen und Flugzeugen, sich in drei Gruppen teilte. Leiter der sogenannten Mittelgruppe war der erfahrene Polarforscher Admiral Byrd. Er sollte die Scott-Inseln ansteuern und in Little America eine Basisstation samt Flugfeld errichten, damit von dort aus Erkundungsflüge in das Innere der Antarktis durchgeführt werden konnten. Währenddessen sollten die Ost- und die Westgruppe Erkundungen entlang der antarktischen Küste unternehmen. Am 21.01.1947 erreichte der Expeditionskonvoi die Antarktis. Am 13. Februar begannen die Aufklärer der Byrd-Gruppe mit den Flügen in das Innere des lebensfeindlichen Kontinentes. Doch die Natur stellte sich gegen Admiral Byrd und seine Crew. Schon 3 Wochen später, am 03.03.1947, musste der Expeditionsleiter den Abbruch des Unternehmens anordnen, da mehrere Flugzeuge spurlos verschwunden waren. Der Rückzug erfolgte aufgrund der sich ständig verschlechternden meteorologischen Bedingungen so überhastet, dass neun Flugzeuge im ewigen Eis zurückgelassen werden mussten.

An der Operation Highjump nahmen insgesamt 13 amerikanische Schiffe teil, darunter Flugzeugträger, Zerstörer, Eisbrecher, ein U-Boot sowie 15 schwere Transportflugzeuge und Fernaufklärer. Einer der Piloten dieser Maschinen war Leutnant D. Bunger. Er sah als erster jene Landschaft, die heute seinen Namen trägt – die „Bunger-Oase". Sie gilt als eine der eigentümlichsten und schönsten Landschaft in der Antarktis. Die Bunger-Oase ist selbst für polare Verhältnisse ungewöhnlich schwer zugänglich. Obwohl sie von der Küstenlinie nicht allzu weit entfernt liegt und mit fast 200 km² Fläche eigentlich nicht übersehen werden kann, wurde sie durch die Amerikaner erst während der „Operation

Highjump" entdeckt. Die Bunger-Oase ist eisfrei und weist durch eine erhöhte Strahlungsbilanz des freiliegenden Gesteins im Vergleich zur Umgebung ein sehr mildes Mikroklima sowie mehrere Süßwasserseen auf.

Doch zurück nach Neuschwabenland, dass die Amerikaner während der „Operation Highjump" nicht betraten.

Während der norwegischen Antarktisexpedition 1956-60 jedoch wurde das Gebiet topographisch neu aufgenommen, und erhielt nun norwegische Bezeichnungen. Im Ergebnis entstand die Kartenserie „Dronning Maud Land 1 : 250.000".

Im Jahr 1961 errichtete die Sowjetunion in der Region der Schirmacheroase auf dem Schelfeis die Forschungsstation Lasarev. Später wurde die Station in die Schirmacheroase selbst umgesetzt und erhielt den Namen Novolasarevskaja. Aufgrund eigener photogrammetrischer Aufnahmen wurde eine Kartenserie im Maßstab 1 : 100 000 aufgelegt.

1976 erbaute die DDR dann in unmittelbarer Nähe von Novolasarevskaja die Station „Georg Forster", welche als Ausgangsbasis für umfangreiche geophysikalische, glaziologische, meteorologische und geodätische Forschungen in der Schirmacheroase selbst sowie in den südlich gelegenen Gebirgsketten des Wohlthatmassivs diente. Diese Station wurde 1996 aus Kostengründen geschlossen und komplett abgebaut.

Seit 1981 betreibt Indien im Gebiet der Schirmacheroase eine eigene Antarktisforschung. Im Jahr 1983 wurde die Schelfeisstation Dakshin Gangotri aufgebaut, die später aufgrund der beträchtlichen Akkumulationsraten aufgegeben werden musste. 1989 wurde in der Schirmacheroase, etwa drei Kilometer von Novolasarevskaja entfernt, die neue Station Maitri errichtet.

Entgegen landläufiger Meinung ist die Antarktis im Gebiet von Neuschwabenland inzwischen recht gut erforscht. Noch keiner der dort tätigen Wissenschaftler hat von der Begegnung mit irgendwelchen reichsdeutschen Einheiten berichtet.

Außerdem stellt sich bei einem solch umfangreichen Unternehmen wie der erwähnten Absetzung reichsdeutscher Einheiten immer auch die Frage nach der Logistik und der dauerhaften Versorgung einer solchen geheimen Basis. Auch das beste U-Boot benötigt irgendwann einmal die Überholung in einer Werft. Die Besatzungen brauchen Proviant, und auch die Entsorgung des Abfalls muss geregelt werden. Ferner ist noch nicht bewiesen, dass der Mensch dauerhaft ohne seine natürliche Umwelt lebensfähig ist. Das vor wenigen Jahren diesbezüglich durchgeführte Experiment „Biosphäre 2" ist gescheitert. Bei diesem Experiment wurde noch nicht einmal berücksichtigt, wie sich der anhaltende Entzug des natürlichen Lichtes auf den menschlichen Körper und auch auf die psychische Verfassung auswirkt.

Abb. 16: Unterhielt das III. Reich geheime Basen am Südpol? [https://pixabay.com/de/ufo-sci-fi-extraterrestrische-chase-2073634/]

Eine unterirdische Basis in der Antarktis erscheint unter diesen Umständen äußerst unwahrscheinlich. Tatsächlich entsprang diese Legende der Phantasie des chilenischen Schriftstellers und Philosophen Miguel Serrano, der als Begründer des „esoterischen Hitlerismus" gilt. Serrano ging es vordergründig um eine nachträgliche Mystifizierung der Person Adolf Hitlers, in dem er die Inkarnation schicksalhafter Mächte sah. Doch vielleicht lenkte Serrano mit seiner These um die Absetzung in die Antarktis auch bewusst vom wirklichen Standort der „uneinnehmbaren Festung“ ab?

In Südamerika hatten die nationalsozialistischen Ideen zahlreiche Sympathisanten gefunden. Auch der damals in Argentinien regierende Präsident Perron zeigte sich diesem Gedankengut durchaus aufgeschlossen. Im Gegensatz zu Serranos Legenden von einer Basis im ewigen Eis der Antarktis gibt es für eine Absetzung nach Südamerika durchaus handfeste Indizien. So zeigen Aufnahmen einer argentinischen Tageszeitung vom September 1946 deutsche U-Boote, die in der Mündung des Rio de la Plata vor Anker liegen. Es handelt sich dabei wohlgemerkt nicht um U 530 und U 997, die im Jahr zuvor bei Mar del Plata aufgebracht worden waren, sondern um andere Einheiten.

Bereits vor dem Ausbruch des II. Weltkrieges war es der Reichsregierung und dem RSHA gelungen, in Argentinien, Uruguay, Chile und Paraguay bedeutende Ländereien zu erwerben. Auch heute noch befinden sich in Argentinien Flächen von der Größe des Freistaates Bayern in deutschem Eigentum. Eine Absetzung von U-Booten der deutschen Marine nach Südamerika ist auch deshalb wahrscheinlich, weil die Zufluchtsländer, insbesondere Argentinien unter Perron bereits in den Jahren des Krieges ein Interesse am Erwerb von deutscher Technik und Technologie bekundet hatten.

Bemerkenswert ist in diesem Zusammenhang, dass amerikanische Militärs in den Jahren 1941 bis 1943 davon ausgingen, dass Deutschland im Fall einer Invasion auf dem amerikanischen Kontinent zunächst Süd- und Mittelamerika unter seine Kontrolle bringen würde, um dann über Mexiko von Süden aus in die USA vorzustoßen. Solche Pläne existierten zwar in Ansätzen im deutschen Generalstab, jedoch gelangten sie nie zur Ausführung.

Über die Besatzungen der geflohenen U-Boote sind ebenfalls zahlreiche Legenden im Umlauf. So beschwört der amerikanische Autor Robert Ludlum in seinem Roman „Der Holcroft-Vertrag“ die Absetzung der Nazi-Nachkommen:

„Die Sonnenkinder. Hinausgeschickt per Schiff und Flugzeug und Unterseeboot. An alle Enden der zivilisierten Welt.“

Der Klappentext des Buches verheißt:

„Vierzig Jahre nach Kriegsende geht die Saat des Bösen wieder auf.“

Es ist jedoch nicht erwiesen, dass es eine solche Nachkommenschaft überhaupt gibt.

Abb. 17: Konstruierten deutsche Ingenieure im 2. Weltkrieg Flugscheiben? (https://pixabay.com/de/ufo-untertasse-raumschiff-3879499/)

Die unbekannten Unterseeboote, die seit Jahrzehnten weltweit operieren, sind jedoch Realität. Ebenso darf die Absetzung von ca. 60 deutschen U-Boote in den letzen Tagen des II. Weltkrieges ein hohes Maß an Wahrscheinlichkeit für sich beanspruchen. Das Ziel dieser geheimen Operation dürfte höchstwahrscheinlich Südamerika gewesen sein. Dort befanden sich größere Gebiete in deutschem Besitz. Außerdem ist bekannt, dass in der Zeit nach dem II. Weltkrieg zahlreiche Deutsche, nicht nur Funktionäre des nationalsozialistischen Regimes, sondern auch Angehörige der Wehrmacht, in Südamerika ein neues Leben begannen.

Natürlich sind die fremden U-Boote, die heute gesichtet werden, mit Sicherheit nicht jene Einheiten, die sich im Jahr 1945 absetzten. Doch geht man davon aus, dass diese U-Boote damals in die Marine eines südamerikanischen Staates integriert wurden als Gegenleistung für ein Asyl der Besatzungen, so erscheint es durchaus möglich, dass die Schiffe im Verlauf der Jahrzehnte unter strenger Geheimhaltung kontinuierlich weiter entwickelt worden sind.

Vielleicht fanden dabei auch die Kenntnisse und Fähigkeiten deutscher Ingenieure Verwendung. Als ein Beispiel für Wissenschaftler, die im Jahr 1945 spurlos verschwanden, soll Dipl.-Ing. Otto Habermohl gelten, der mit geheimen Waffenentwicklungen im III. Reich in Zusammenhang gebracht wird.

Die unbekannten U-Boote gehören mit Sicherheit zu den modernsten Unterseeschiffen, die derzeit in den Weltmeeren kreuzen. Sie stehen im Dienst einer Macht, die weltweit seit mehreren Jahrzehnten intensive Aufklärung sowohl vor den Küsten von NATO-Staaten ebenso wie in neutralen Gewässern und im Bereich des ehemaligen Ostblocks betreibt. Die Stützpunkte der geheimnisvollen U-Boote dürften sich auf dem Territorium eines südamerikanischen Staates befinden.

Abb. 18: Darstellung eines der unbekannten U-Boote aus den 1960er Jahren. (Aus: Männer Planken Ozeane von Helmut Hanke, Urania Verlag, Leipzig/Jena/Berlin 1964)

Abb. 19: Zeichnung eines der unbekannten U-Boote.
(Aus: Männer Planken Ozeane von Helmut Hanke, Urania Verlag, Leipzig/Jena/Berlin 1964)

Literatur und Quellen:

Askin, Mustafa, Gallipoli – a turning point, Keskin Color Kartpostalcilik Ltd. Sti.

Boyrayon, Marius, Solomon Island Mysteries, www.solomonislandsmysteries.com, 2009

Bean, C.E.W., Anzac to Amiens, Australia, 1946

Carilllet, Jean-Bernard, Starnes, Dean, McKinnon, Rowan, Papua New Guinea and the Solomon Islands, Lonely Planet, 8. Auflage, 2008

Dechs, Volker, Jules Verne, rororo-Biographien, Rowohlt Verlag, Reinbek, 1986

Denton, Kit, Gallipoli – One Long Grave, Australia, 1986

Dönitz, Karl, Zehn Jahre und Zwanzig Tage, Athenäum, Bonn, 1958

F. LORAINE PETRE, O.B.E., The History of the Norfolk Regiment, Norwich, Jarrold & Sons, Limited

Fanthorpe, Patricia and Lionel, Rennes-le-Chateau, Bellevue Books, Ashford, Middlesex, 1991

Förster, Lina, Die Nation von Damanhur in Stämme, Heft 9/99

Frank, Richard, B., Guadalcanal, The definitive Account of the Landmark Battle, Penguin Books, 1990

Hanke, Helmut, Männer Planken Ozeane, Urania Verlag, Leipzig, Jena, Berlin, 1964

Jeschke, Wolfgang, Der letzte Tag der Schöpfung, Berlin, 1989

Kershall, Gaylord T. M. U-Boot-Krieg in der Karibik, Verlag Mittler & Sohn, Hamburg, Berlin, Bonn, 1999

Ludlum, Robert, Der Holcroft-Vertrag, Heyne, München 1999

Meckelburg, Ernst, Besucher aus der Zukunft in esotera, Heft Juni 1996

Moorehead, Alan, Gallipoli, London, 1956

Papa, Ilja, Der Hesekiel Flieger aus der Bibel in Magazin 2000plus Heft Juli/August 2002

Peillard, Leone, Geschichte des U-Boot Krieges, Wien, Berlin, 1970

Pletschacher, Peter, Der geheime Krieg der fliegenden Roboter in PM, Heft 11/1994, München, 1994

Ripota, Peter, UFO's, PM, Heft 6/1995, München, 1995

Ripota, Peter, Kornkreise – wer macht sie? PM, Heft 7/1992, München, 1992

Ritter, Thomas, Rennes le Chateau – Rätsel in den Pyrenäen, Bohmeier Verlag, Lübeck/Leipzig, 2001

Riviere, Jacques, Le fabuleux Tresor de Rennes-le-Chateau, Le Secret de l'Abbe Sauniere, Edition Belisane, Nizza, 1983

Risi, Armin, Machtwechsel auf der Erde, Govinda Verlag, Neuhausen/Altenburg, 1999

Salewski, Michael, Die deutsche Seekriegsleitung 1935 – 1945, Verlag für Wehrwesen, München, 1975

Times of India, Chennai, 09.07.2012

The Times of India Chennai, Mittwoch 16. Juli 2014, Seite 17

Unger, Walter, High Tech gewann den Krieg, hobby – magazin der technik, Nr. 5 – Mai 1991, Hamburg, 1991

Vits, Udo, Das Salz von Rennes le Chateau in Magazin 2000 spezial Alte Kulturen, Marktoberdorf, 2005

Internet:

http://theunexplainedmysteries.com/Utsuro-Bune-UFO.html

welt online 29.12.2011 – hPyttp://www.welt.de/politik/deutschland/article13787973/Ueber-Deutschland-sollen-schwere-Drohnen-fliegen.html

Bildquellen:

Unter dem jeweiligen Bild vermerkt. Sämtliche Bilder aus der Quelle pixabay.com Bilder sind zur kommerziellen Nutzung frei.

Bei allen UFO-Darstellungen handelt es sich um fiktive Symbol-Fotos.

Weitere Titel aus dieser Serie und weitere faszinierende Bücher finden Sie im Verlagsprogramm des Ancient Mail Verlags:

Thomas Ritter

Magisches Bali

Von Hexen, Heilern und Schicksalslesungen

IBSN 978-3-95652-117-1, Din A5,
68 Seiten, Pb., 46 Farbfotos, **€ 8,90**

Thomas Ritter

Magisches Indien

Mächtige Götter, Geheimnisvolle Palmblattbibliotheken, Verlorene Schätze

IBSN 978-3-95652-160-7, Din A5,
Pb., 72 Seiten, 39 Farbfotos, **€ 8,90**

Thomas Ritter

Magisches Südfrankreich

Das Geheimnis eines Priesters, die Bundeslade und ein Vermächtnis aus ferner Zeit

IBSN 978-3-95652-180-5, Din A5,
Pb., 72 Seiten, 32 Farbfotos, **€ 8,90**

Thomas Ritter

Magisches Indien 2

Die Welt der neun Planeten

IBSN 978-3-95652-205-5, Din A5,
Pb., 72 Seiten, 33 Farbfotos, **€ 8,90**

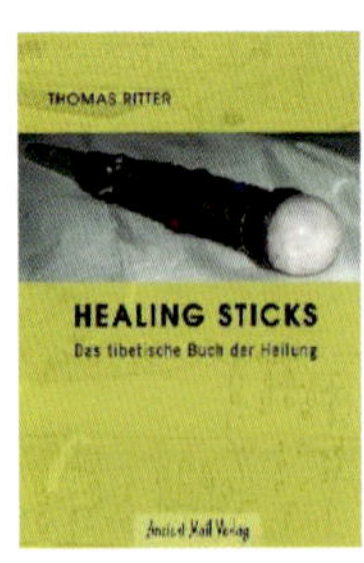

Thomas Ritter

Healing Sticks

Das tibetische Buch der Heilung

IBSN 978-3-935910-63-7, Taschenbuch,
162 Seiten, 4 Farbfotos, 114 s/w-Abb., **€ 13,50**

Thomas Ritter

Magische Welt der Kristallschädel

IBSN 978-3-95652-161-1, Din A5, Paperback,
67 Seiten, 16 Farbfotos, **€ 8,90**

Unsere Geschichte ist voller Rätsel –
Wir wollen helfen, sie zu lösen !

Bücher und Informationen zu den Themenkreisen Archäologische Rätsel dieser Welt, Paläo-SETI, Grenzwissenschaften, Sagen und Mythen.

Fordern Sie einfach *kostenlose* weitere Informationen an – per Postkarte, Fax, Telefon oder eMail beim

Ancient Mail Verlag • Werner Betz
Europaring 57, D-64521 Groß-Gerau
Tel. 00 49 (0) 61 52 / 5 43 75, Fax 00 49 (0) 61 52 / 94 91 82
eMail: wernerbetz@t-online.de
www.ancientmail.de